AF388714

CONTES
ET POÉSIES.

TOME SECOND.

CONTES

ET POÉSIES

DU C. COLLIER,

Commandant-Général des Croisades du
Bas-Rhin.

TOME SECOND.

A SAVERNE.

1792.

CONTES ET POÉSIES.

L'A PROPOS DE BOTTES,

CONTE.

Loin de nous ces mortels dont la brutalité
Veut à la force asservir la tendresse,
Et ravir sans délicatesse,
A la gémissante foiblesse,
Les roses de la volupté.

Au tems jadis, parmi nous tant vanté,
Dans son castel un Seigneur redouté
Croyoit prouver son antique noblesse,
En enlevant, avec férocité,
Aux innocentes bachelettes,

Que le hafard avoit fait fes fujettes,
Le bouton ou la fleur du jardin des plaifirs.
  Les petits foins, les doux foupirs,
  Qui vont fi bien jufqu'à l'ame,
Ne préparoient jamais à l'aveu de fa flamme.
  C'eft en tyrans que parloient fes defirs.
  Si par hafard quelque fille un peu fage
    Se refufoit à ce tranfport,
    On ufoit du droit du plus fort.
    On violoit, c'étoit l'ufage.
    Certain d'entr'eux, ardent chaffeur,
    Et de plus grand dévirgineur,
    Dans un fentier rencontre Aline.
Son nez eft retrouffé, fon teint frais, fon œil noir;
    Un fimple corfet d'étamine
    Preffe fa taille noble & fine,
    Et s'arrondit fous fon mouchoir.
    Elle venoit du bourg voifin
    Vendre fes œufs & fon laitage,
    Et trompoit l'ennui du chemin
    En rêvant au jeune Colin,
    Berger auffi tendre que fage,
  Qui dans huit jours doit recevoir fa main,
    Pour prix de fon conftant hommage.

Le tyranneau depuis long-tems
Convoitoit la jeune innocente,
Qui, toujours trompant son attente,
Méprisoit conftamment menaces & préfens.
La voyant feule & fans défenfe,
Il croit toucher au plus doux des momens;
Il l'aborde avec arrogance:
Le hafard, lui dit-il, vous met en ma puiffance;
Il faut céder à mes tranfports ardens.
Ici vous n'aurez point de mère, de parens,
Dont vous puiffiez implorer l'affiftance.
Quelle fut alors la terreur
De la jeune & fenfible Aline!
C'eft affez que l'on ait un cœur,
Pour qu'aifément on l'imagine.
Comment repouffer la fureur
De ce fatyre, dont l'ardeur
Rend prefque fûre fa ruine?
Elle tremble, & frémit d'abord;
Puis fur elle faifant effort,
A la force oppofe l'adreffe.
» Ah! dit-elle, vous auriez tort
» De me croire infenfible à pareille tendreffe.
» Sans doute plaire à Monfeigneur

A ij

» Eft pour moi le plus grand honneur.
» Le Ciel ne m'a pas fait tigreffe :
» Mais maman, ma tante, ma fœur
» Ne me laiffent pas la maîtreffe
« De goûter ce parfait bonheur.
» -- Puifque je te trouve traitable ",
Dit en l'embraffant le Seigneur,
» Nul ne nous vois ; l'inftant eft favorable,
» Et tu vas combler mon ardeur.
» --- Pour aujourd'hui je vous demande grace ;
» Demain. -- Non, fans delai que l'on me fatisfaffe.
» On ne doit point différer les plaifirs ".
Puis le frippon avec audace
Lâche la bride à fes defirs.
» Au moins, Monfieur, s'écria-t-elle,
» Songez que vous êtes botté.
» Voilà ma jupe la plus belle,
» Vous la gâteriez toute, étant ainfi crôté.
» --- Qu'importe ? mon impatience...
» --- J'entends... Mais ayez la bonté
» De céder à ma répugnance :
» Débottez-vous ; j'obéis à l'inftant.
» --- Oter mes bottes, bon ! elles font trop étroites.
» --- Mes mains ne font pas mal adroites.

» Mettez-vous là, je ferai tant
» Que je les ôterai fans peine.
» --- Soit ; puifque tu le veux, ma Reine ".
Puis il s'affied fur le gazon,
Tend la jambe à la bachelette,
Qui vous le prend par le talon,
Tire fort de travers ; & lorfque la follette
Voit que la botte eft dehors à moitié,
Qu'il ne la peut fuivre qu'à clochepied :
J'ai fait le plus fort de l'ouvrage ;
Achevez, lui dit-elle, avec un air malin,
Ou fi vous l'aimez mieux, je m'en vais au village,
Pour vous aider, j'enverrai mon Colin.
A ces mots, elle fuit ; notre galant enrage.
Pour la rejoindre il fait des efforts fuperflus.
Son pied fe gonfle & ne le foutient plus.
Pour accroître encore fa peine,
Il voit le fortuné Colin
D'un pas léger accourir dans la plaine,
Joindre Aline, qui, hors d'haleine,
Se jette dans fes bras, le ferre fur fon fein,
Et du doigt le montrant de loin avec malice,
Lui conte par quel artifice
Elle a trompé fon defir libertin.

A iij

LE BON MARCHÉ,

Un Marchand doit tirer parti de tout;
Et s'il éprouve une faillite,
En tirer aîle ou pied par une âpre pourfuite.
Dans nos ménages, par malheur,
La femme tient la caiffe de l'honneur.
Si, peu fidelle ou bien trop tendre,
Elle en fait circuler les fonds,
L'époux, fenfible à de pareils affronts,
Sait rarement comment s'y prendre.
Ecoutez cette hiftoire, & vous allez l'apprendre.

Auprès d'Arras, un gros Fermier
Avoit pris jeune ménagère.
Ferme, franche, des yeux... des dents... bref la
commère
N'étoit point de tournure à demander quartier.
Tout occupé de fon métier,
Son époux y vaquoit plus qu'à la fatisfaire.

Il étoit debout le premier,
Se fatiguoit le jour à mainte & mainte affaire ;
Et le soir, quoique las, se couchoit le dernier,
Dormoit d'abo d & ronfloit... Dieu sait comme.

Dans les armes d'un pareil homme
Panache doit ombrager le cimier.
Catiche aussi (c'est le nom de la femme)
Eut soin d'en orner son blason.
Certain jeune Marchand vint lui conter sa flamme,
Poussa soupirs, promit caresses à foison ;
C'étoit tentant : aussi la bonne Dame
Ne résista pas plus que de raison.
Quand l'époux, que l'intérêt berce,
S'en alloit au marché pour suivre son commerce,
Le galant en hâte accouroit ;
On rioit ;
On chantoit ;
On buvoit ;
On aimoit ;
Tout ce que le Dieu de Cythère
Ou prescrit ou permet de faire ;
Tout enfin alors se faisoit.
Un jour l'époux, qu'on n'attend guère,

Revient & furprend nos amans
Au fort de leurs amufemens :
„ Que vois-je ? avec ma femme un homme "!
Puis fautant fur un gros levier ;
„ Chien de fuborneur, je t'affomme.
„ -- Ah! voifin, dit l'autre, quartier.
„ Si je vous ai fait du dommage,
„ J'offre fix facs de pur froment.
„ -- Six facs pour un pareil outrage!
„ Je ferois un bon fot vraiment ;
„ J'en veux avoir douze, autrement
„ Songe à faire ton teftament ".
Catiche, pour calmer l'orage,
Dit : „ Faut agir chrétiennement.
„ Les tems font durs ; huit facs font bien dans un
„ ménage.
„ -- Non, j'en veux douze abfolument.
„ -- Je ne le puis pour le moment.
„ Mon bled n'eft pas battu. --- Je vous donnerai terme.
„ Fourniffez-m'en quatre préfentement,
„ Et huit vers le Noël, quand je paie ma ferme.
„ Eft-ce fait ? --- C'eft bien cher. -- Ah morbleu !
--- Allons, foit.
„ --- Sans différer, écrivez la cédule

„ Là, près du feu ; car il fait froid ”.
L'amant, en enrageant, avale la pillule.
L'époux, content de son exploit,
Dit : „ Pour notre voisin, va, ma chère Catiche,
„ Apporte le jambon, de la bierre, une miche.
„ --- Au moins, mon bon ami, vous n'êtes plus fâché ?
„ --- Puis-je l'être en faisant un aussi bon marché ?

LE MARI DÉSOSSÉ,

CONTE.

Après le grand *ego vos conjungo*,
Damon chez lui vous conduit fa Nicette;
   Puis fans témoin fur fa couchette,
   Ils vont s'en donner à gogo.
L'époux eft frais, gentille fa poulette.
   Si que toujours ferme & difpos
   Il fut vainqueur dans trois affauts,
Puis s'endormit; après un court repos,
   Voulant refaire la chofette,
De la petite il prend la main blanchette,
   Et la place... Il n'eft à propos
De vous dire où : fuffit que la pauvrette
En le touchant s'écria ftupéfaite :
   Ciel! qu'avez-vous donc fait des os?

LA DUPE DE SON MENSONGE,

CONTE.

Aux genoux d'un vieux Capucin,
D'un ton contrit, Dame Gertrude
Se confessoit un Jeudi-saint.
Elle cachoit sous un air prude
Un cœur à l'amour très-enclin ;
Et blâmant hautement tout désir trop mondain,
Elle avoit certaine habitude
Dont la grondoit le Francifcain ;
Elle tâchoit de rendre aux yeux du Père
Par des *si*, par des *mais*, fa faute plus légère.
Bon ! à d'autres je m'y connois,
Dit-il, c'eft un bon adultère,
Très-complet, s'il en fut jamais.
Tout près de-là, dans la même chapelle,
Sa nièce la jeune Ifabelle
S'examinoit dévotement,

Lorſque ce grand mot d'adultère,
Que prononça trop haut le Moine en ſa colère,
Vint troubler ſon recueillement ;
Ce mot étoit nouveau pour elle.
Qu'eſt-ce que ce péché, dit la jeune pucelle ?
Sans le ſavoir peut-être, hélas ! l'ai-je commis,
Et je perdrois ma place en Paradis,
Si je taiſois une offenſe pareille.
Gertrude alors ſortoit du confeſſionnal.
Iſabelle la joint, & lui dit à l'oreille :
J'ai peur de me confeſſer mal.
Ma tante, dites-moi, qu'eſt-ce que l'adultère
Dont ſi fort vous tançoit le Père ?
Si j'omettois un péché capital,
L'oubli ſeroit & coupable & fatal.
Gertrude & confuſe & ſurpriſe
Ne fait que répondre d'abord,
Puis ſur elle faiſant effort :
--- L'adultère... eſt... de péter dans l'égliſe.
Pendant tout ce colloque auprès du Confeſſeur
Et l'une & l'autre place eſt priſe.

Iſabelle à l'office aſſiſte avec ferveur ;
Elle ſe trouvoit par malheur

Entre deux dévotes antiques,
  Qui, dans leurs tranſports extatiques,
Sans ſcrupule exhaloient des ſoupirs ſouterreins,
Dont le ſon ſe mêlant aux céleſtes rubriques,
  Frappoient l'oreille & le nez des voiſins.
Le ſouffrir ſans murmure étoit bien méritoire.
Iſabelle bientôt entend hors du ſaint lieu,
  Par la cloche du réfectoire,
  Rappeller les Pères en Dieu,
De retour au logis du mari de Gertrude :
» --- Eh bien, dit-il, l'office ? étoit-il beau ? --- Trés-
  » bien.
» --- Et la foule ? --- Jamais plus grande multitude.
  » Malgré le froid je ſuois ſang & eau.
» --- J'entends, beaucoup d'enfans, de nourrices, de
  » mères.
  » --- Puis, dit la nièce, en élevant la voix,
  » Auprès de moi deux femmes adultères
» Ont commis ce péché plus de cinquante fois.
» --- Dans l'égliſe!... en public!... qu'eſt-ce donc
  » qu'elle chante ?
» --- Je ne me trompe point, demandez à ma tante.
» Ce matin à confeſſe elle s'en accuſoit.
  » Pour moi ce mot étoit un vrai myſtère ;

„ Elle m'a dit ce que c'étoit.

„ Ah! je fuis à préfent experte en adultére.

„ --- Comment! que veut dire ceci ?

„ Ifabelle, parlez, je veux être éclairci ".

Gertrude en vain lui fait cent fignes de fe taire;

    Elle raconte ingénuement

    Par le menu toute l'affaire;

    L'époux étouffe de colère.

    Gertrude ne fachant que faire,

    Court fe cacher dans un couvent,

    Maudiffant bien cordialement

Le Capucin, la langue de fa nièce,

    Et jurant bien dorénavant

    De ne plus tout dire à confeffe.

LE BALLON,

CONTE.

Quand Charles & Robert, par procédé chymique,
Gonflèrent leur ballon pyro-pneuma-ftatique;
En foule tout Paris au Louvre fe portoit.
La groffe Duchemin, qui cinq luftres comptoit,
Y court avec Vincent fon garçon de boutique :
La befogne à fon gré trop lentement alloit.
 La belle chienne de phyfique !
Dit-elle au bon Vincent qui près d'elle reftoit,
Depuis une heure & plus qu'après on fe trémouffe,
 Je ne vois pas qu'il foit groffi d'un pouce.

LA VOCATION,

CONTE.

JE fais grand cas de la décence,
Et plus encore de l'innocence ;
Par malheur ce charmant tréfor,
Si commun pendant l'âge d'or,
Ne fe rencontre plus en France
Qu'accompagné de l'ignorance.
Auffi les mères avec foin
Cachent à leur progéniture
Les doux progrès de la nature,
Et même au-delà du befoin.
Souvent leur dévote impofture,
Contre qui la raifon murmure,
Etend le voile un peu trop loin.

De fon fils idolâtre mère,
Dame Gertrude prude auftère,

Avoit fillette de treize ans,
Dont pour foulager fa famille,
Suivant l'avis de fes parens,
On deftinoit les agrémens
A languir derrière une grille :
Elle étoit fimple, mais gentille,
Et n'avoit pas pour le couvent
Encore un zèle trop fervent.

Changeant un matin de chemife,
Elle apperçoit avec furprife,
En certain lieu naiffant duvet,
Frifotant & plus noir que jayet :
A fa mère en tel cas experte,
La pauvre enfant le cœur pantois,
Vîte d'une timide voix
Va raconter fa découverte ;

Gertrude croit de fa frayeur
Qu'elle peut tirer avantage.
--- De la volonté du Seigneur,
Ma fille, c'eft un fûr préfage :
Un cloître fera ton partage,
Ainfi le veut le Créateur.

Tome II.   B

A lui, tu vois bien qu'il t'appelle ;
C'est un figne d'élection.
--- Comment ?... c'est là, dit la pucelle,
Qu'il place la vocation !

SUITE DE LA VOCATION,

C O N T E.

Deux ans après, notre innocente,
Voyant avec confusion
Epaissir sa vocation,
Sa mère devint plus pressante.
Pour son fils, son ambition
Rechauffoit sa dévotion ;
Et la fillette timorée
Pensant entendre du Sauveur
La voix menaçante & sacrée,
Croit à cette pieuse erreur
Devoir immoler son bonheur.

Dans un mois pour toute remise,
Au cloître elle doit être mise,
Après la fin du Carnaval ;
Jusques à ce terme fatal,
A s'amuser on l'autorise.

B ij

Un soir elle rencontre au bal
Un cavalier bien fait & leste,
Qui, charmé de son air modeste,
Dans le moment sent en son cœur
Les feux d'une naissante ardeur.
Il s'informe d'elle, & s'irrite
En apprenant que la petite
Doit quitter le monde dans peu :
» Ah ! c'est, dit-il, offenser Dieu ;
» Tant de charmes dans l'esclavage !...
» En honneur ce seroit dommage...
» Pour lui pouvoir parler sans fard,
» Tâchons de la joindre à l'écart ».
Il y parvient. » Belle Julie,
Dit-il d'une voix attendrie,
» Est-il vrai qu'au fond d'un couvent
» Vous allez passer votre vie ?
» --- Oui. --- D'où peut venir cette envie ?
» Trop de zèle égare souvent.
» --- Il le faut. --- Jeune & si jolie,
» Quitter le monde !... c'est folie.
» --- Pour le Ciel la dévotion
» Nous prescrit la soumission.
» --- Dieu veut-il qu'on se sacrifie ?

» --- Ah! j'ai tant de vocation!
» --- Bon!... Mais depuis quand, je vous prie?
» --- Depuis deux ans au moins, Monfieur.
» --- Pendant ce tems cette ferveur
» Ne s'eft-elle point refroidie?
» --- Oh non, j'y fens une chaleur...
» Chaque jour elle eft plus fournie.
» --- Vous n'aimez donc pas à danfer?
» --- Pardonnez-moi, c'eft ma manie;
» Et dès qu'une danfe eft finie
» Je brûle de recommencer.
» --- Et l'opéra, la comédie?...
» --- Rien, felon moi, n'eft plus charmant;
» Mais je n'y vais que rarement.
» --- Cette vocation, ma chère,
» A mon avis eft trop légère
» Pour... --- Si je vous la faifois voir
» Vous cefferiez d'être incrédule.
» --- Montrez-la-moi donc fans fcrupule,
» Car je n'y puis rien concevoir.
» --- Hé bien, voyez comme c'eft noir ".

L'amant vit par cette indécence
Combien elle avoit d'innocence.

B iij

Son amour encor s'en accrut ;
Et le cœur plein de fa tendreffe,
A Dame Gertrude il courut
Faire l'aveu de fon adreffe,
Sans dot demander le tendron ;
On loua fa délicateffe,
Et l'on ne répondit pas non.
Bientôt un heureux mariage,
Formé par l'inclination,
De nos amans fut le partage.
Et l'époux plein de paffion
Rendit fouvent avec courage
Hommage à fa vocation.

L'ALCOVE DE GLICÈRE,

CONTE.

Sur l'horifon déja la nuit,
Répand fon ombre folitaire;
Et fous le voile du myftère,
Je vole où l'amour me conduit.
C'eft vers l'alcove de Glicère.
Le grouppe riant de Cythère
Se rend en foule en ce réduit.
La volupté, vive & légère,
En chaffe la raifon févère;
Et le vain fcrupule s'enfuit.
L'enjouement, la prompte faillie,
L'à propos, l'aimable folie
Servent de cortège aux defirs,
Et par une agréable ivreffe,
Savent avec délicateffe
Préparer la route aux plaifirs.

B iv

Sur un lit parfemé de rofes
Et d'autres fleurs à peine éclofes,
Glicère paroît à mes yeux.
Son front, que par la décence
Du coloris de l'innocence,
Me peint un trouble précieux.
Le feu du tendre amour l'agite :
Mais la pudeur fait qu'elle héfite,
Et livre encor quelques combats.
J'apperçois fon fein qui palpite ;
A fes pieds je me précipite ;
Le bonheur m'attend dans fes bras :
Pourquoi me fuyez-vous Glicère ?
De ce front calmez la colère.
Pouvez-vous combattre l'Amour ?
Cédez plutôt à fon empire.
On eft heureux par fon délire,
Quand on eft payé de retour.
Vains préjugés, faites filence ;
Pouvez-vous entrer en balance
Avec notre félicité ?
En vain votre auftère impofture
Voudroit affervir la nature :
Nous lui devons la volupté.

Sans l'amour que votre voix fronde,
Hélas ! que deviendroit le monde ?
L'amour le tira du cahos.
Son souffle donne à tout la vie ;
Sans lui la nature affoupie
Se détruiroit par le repos.
Nous lui devons cette verdure,
De nos bois brillante parure.
C'eft par lui que le tourtereau,
En roucoulant près de fa belle,
Nous donne d'une ardeur fidelle
Un exemple toujours nouveau.
C'eft par lui qu'on fe régénère ;]
Et les noms de père & de mère,
Nous les devons à fon flambeau.
Mais dans les regards de ma belle,
Je vois briller une étincelle
Du feu qui trouble tous mes fens.
En vain veut-elle être rebelle ;
L'amour la preffe, elle chancelle,
Et cède à mes defirs preffans.
Fille du Ciel, volupté pure,
Par qui s'embellit la nature,
Epuife fur nous tes tréfors ;

Dans l'excès d'un heureux délire,
Nos ames ne peuvent fuffire
A de fi fortunés tranfports.
Ma Glicère fans force tombe,
Sous le bonheur elle fuccombe,
Il lui ravit le mouvement.
L'aimable Dieu qui règne à Gnide
Le parcourt d'un regard avide;
Dans fon évanouiffement,
Amour, Pfiché la valoit-elle?
Sans doute Hélène étoit moins belle,
Et le fameux Berger Pâris,
S'il avoit connu ma Glicère,
N'auroit pas couronné ta mère;
Ma maîtreffe auroit eu le prix.
Mais je vois mouvoir fa paupière;
Son œil fe rouvre à la lumière.
Venez, volez jeux & plaifirs,
Couronnez encore ma flamme;
Et faites paffer dans fon ame
Toute l'ardeur de mes defirs:
Mais quoi! je vois couler fes larmes;
Sur le défordre de fes charmes,
Elle jette un voile jaloux!

Amour, raſſure ma tendreſſe ;
Et que ta séduiſante ivreſſe
Ramène des momens ſi doux.
Ah ! tu m'exauces ; moins farouche,
Déja je vois ſa belle bouche
Me favoriſer d'un ſourire.
Elle applaudit à ſa foibleſſe ;
Elle me ſert avec molleſſe ;
Et ſes beaux yeux ſont attendris.
La volupté nous environne ;
Et le myrthe qui nous couronne
De mes efforts eſt l'heureux prix.
Nos tendres regards ſe confondent ;
Sans parler, nos cœurs ſe répondent,
Et pour jamais ils ſont unis.
Mais déja l'Orient ſe dore
Des premiers rayons de l'aurore ;
Il faut renfermer nos deſirs.
A l'œil courroucé de l'envie,
Cachons le bonheur de ma vie,
Et les charmes de nos plaiſirs.

A MES AMIS.

MES chers amis, jouiſſons de la vie,
  Couvrons de fleurs la faulx du tems,
Que le bonheur rempliſſe nos inſtans,
Et n'écoutons jamais les ſifflemens
  Des noirs reptiles de l'envie :
  Que l'auſtère philoſophie
  Porte ailleurs ſes froids documens.
  Mais que les arts de compagnie
  Embelliſſent tous nos momens ;
Que danſe, jeux, muſique, poéſie
  Aient tour à tour notre encens ;
Que nos plaiſirs, chaque jour renaiſſans,
Soient éclairés par le feu du génie.
Rions de tout, mais ſans être méchans ;
Qu'avec ſel & ſans fiel folâtre l'ironie.
Mais banniſſons les ſarcaſmes mordans,
L'équivoque groſſier, la baſſe flatterie,
Vrai partage des ſots & des mauvais plaiſans.

Je conviens que par fois on voit des courtifans
    Les employer dans mainte orgie ;
    Mais nous qui fommes bonnes gens,
Nous voulons que toujours la décence fourie,
Sans elle nous ferions triftes & mécontens.
    Je fais grand cas de la folie ;
    Mais pour me plaire , je prétends
    Qu'avec gentilleffe elle allie
Et la délicateffe & la vive faillie ,
    Dans fes écarts étincelans
    Je veux enfin rencontrer le bon fens.
    Ne croyez pas que plein de pruderie
    Je veuille écarter de céans
    La volupté ma bonne amie ;
Sans elle les glaçons de la monotonie
    Rendroient tous nos jours languiffans ;
    Mais je la veux féduifante , polie ,
Qu'une gaze la cache aux regards trop perçans.
Si la gaze déplaît à vos cœurs trop ardens,
Ecoutez, on n'eft pas toujours en compagnie,
Et le Sage pour tout fait bien trouver du tems,
Le foir fur le gazon d'une rive fleurie,
    Que le defir par de tendres accens,
    Au cœur d'une amante chérie ,

Porte le trouble heureux qui maîtrife vos fens,
Qu'après quelques efforts qu'amour rend impuiffans
   Entre vos bras elle tombe attendrie,
Et rouvrant fa paupière encore appéfantie,
Que dans vos yeux ces miroirs careffans
     Elle fe paroiffe embellie,
Je ne m'oppofe point à ces doux paffe-tems :
Je vous dirai bien plus; mais *motus* je vous prie,
    Sans un peu de fripponnerie
Tous nos jours ne feroient que d'éternels tourmens.
   Mon cœur n'eft point formé pour l'apathie,
    Et j'ai beau voir fuir mon printems
Je ne puis renoncer à la coquetterie.
   Mais les plaifirs me femblent plus piquans,
   La volupté plus vive & mieux fentie,
    Lorfque dans l'ombre enfevelie
On peut braver les difcours médifans.
C'eft trop peu pour mon cœur d'être aimé de Silvie,
Je veux qu'on la refpecte, & que les plus mordans,
Sentant à fon afpect mille defirs preffans,
Se difent : » Gardons-nous de cette fantaifie,
» Elle eft aimable, belle, à la fleur de fes ans,
   » Mais une tendre frénéfie
   » Ne put jamais rien fur fes fens ".

Si vous criez à la bizarerie,
Tant pis pour vous, je plains votre manie;
L'amour eſt un bonheur ſans doute des plus grands,
Mais ma félicité ne peut être remplie
Que quand l'objet de mes empreſſemens,
Joignant l'eſtime aux applaudiſſemens,
Au ſilence ſaura forcer la calomnie;
Que quand ayant contraint l'envie
De vanter ſes vertus, ſes graces, ſes talens,
L'univers s'écrira : Silvie eſt accomplie.
Mais en parlant des feux que je reſſens,
Je vois, amis, que je m'oublie :
Vous êtes, je le ſais, honnêtes, indulgens,
Mais le beau même enfin ennuie;
Or l'ennui fait bâiller, ainſi donc je comprends
Qu'il faut finir ma litanie
Que j'étendois à contre-tems.
Adieu donc; auſſi bien ma muſe eſt aſſoupie :
Riez, buvez, aimez, ſoyez toujours contens,
C'eſt ainſi que mon cœur finit ſon homélie.

LA NOUVELLE PANDORE.

Jadis pour punir les humains,
Les Dieux ayant formé Pandore
Charmante en sortant de leurs mains,
Chaque jour on voyoit éclore
En elle des attraits divins.
Regards touchants, taille légère,
Gorge d'un élégant contour,
Air noble, sans être sévère,
Enfin tous les traits de la mère
Du petit Dieu qu'on nomme Amour,
La rendoient certaine de plaire.
Aussi-tôt on vit les mortels,
Ne se doutant point de l'affaire,
Faire fumer sur ses autels
Les parfums d'un encens sincère.
Qu'arriva-t-il? tous les malheurs
Que peut causer la jalousie,
La haine, ce tourment des cœurs,

La trahifon, la calomnie,
Le noir foupçon, la perfidie,
Le dépit avec fes fureurs,
Se répandirent fur la terre
Et firent aux humains la guerre.
Mais touchés de ces maux cuifans,
Les Dieux calmèrent leur vengeance,
Et pour adoucir nos tourmens,
Ils envoyèrent l'Efpérance.
Les mêmes Dieux en vous formant,
Ont furpaffé ce beau modèle;
Ils vous ont fait encor plus belle;
Et pareil feu nous animant,
Dès qu'on vous voit, on eft amant.
Mais les cruels, en nous forçant
De vous rendre à jamais les armes,
Ont abufé de leur pouvoir;
Ils vous ont donné tous les charmes,
Et nous ont enlevé l'efpoir.

LES ENJEUX.

DANS un bois de myrthe & de rose,
Aminte dormoit l'autre jour.
„ Ah! c'est ma mère qui repose;
„ Prosterne-toi, me dit l'Amour.
„ --- Non, repris-je, c'est ma Bergère.
„ --- Eh! non, vois cet air de douceur,
„ Ce teint fleuri, cette fraîcheur,
„ Cette taille noble & légère
„ De ces traits l'accord enchanteur :
„ Je le répète, c'est ma mère.
„ J'en crus moins le Dieu que mon cœur.
„ Je veux, me dit-il en colère,
„ Punir ton incrédulité.
„ Gageons. --- Soit. --- Mes traits. --- Avec joie,
„ --- Et que mets-tu de ton côté?
„ --- Mon repos & ma liberté.
„ --- Ils deviendront bientôt ma proie...
„ Viens, approchons-nous doucement.

„ J'ai perdu , dit en ce moment
„ l'Amour furpris... Mais qu'elle eft belle !
„ N'eft-ce point un enchantement ?...
„ Tant d'attraits dans une mortelle " !...
Aminte alors ouvre les yeux.
D'un regard tendre & curieux,
L'Amour enchanté la contemple...
Mais, ô malice fans exemple !
Aminte, nous trompant tous deux,
Saifit en riant nos enjeux.

LE NŒUD D'ÉPÉE,

CONTE.

PEUT-ON se dire heureux, quand on ne l'est qu'en
  songe ?
Le réveil en détruit le séduifant menfonge.
La volupté s'envole ; il ne nous refte plus
Que le trifte regret de nos plaifirs perdus.
J'en ai fait cette nuit la trifte expérience.
Tout portoit au fommeil, le repos, le filence.
Je dormois. Quand on dort l'efprit préoccupé
Se retrace toujours ce qui l'a plus frappé,
L'aimable objet fur-tout dont l'ame eft plus éprife.
Je crus vous voir alors ; en êtes-vous furprife ?
Non fans doute ; infenfible aux tourmens de mon cœur,
Vous rendez cependant juftice à mon ardeur,
Sachant que près de vous l'amour ne fe peut feindre,
Qu'il eft toujours conftant, fincère, quoiqu'à plaindre.
Enfin, je vous crus voir avec tous ces appas
Qui contraignent nos cœurs à foupirer tout bas,

Car quand l'amour pour vous caufe un tendre martyre,
On le fent vivement : mais on n'ofe le dire.
Si-tôt que je vous vis, je courus enchanté
Vous peindre les tranfports de mon cœur agité.
Je ris, me dites-vous, de vos maux, de vos peines;
Et je veux vous lier par de nouvelles chaînes,
Et rendre votre joug encore plus preffant.
D'un nœud d'épée alors vous me faites préfent :
Peignez-vous les tranfports qui troublèrent mon ame,
C'étoit le premier prix que recevoit ma flamme;
Et quel encor!... le nœud!... ce préfent fi chéri!...
Ce bienheureux ruban... il vous avoit fervi.
Je tombe à vos genoux pénétré de tendreffe.
Je faifis votre main, dans les miennes la preffe;
J'y colle avec tranfport un baifer plein d'ardeur.
O funefte baifer, fatal à mon bonheur!
Le plaifir me réveille, & diffipant mon fonge,
De ma félicité découvre le menfonge.
Défolé, je vous cherche, & ne vous trouve plus.
Je forme en gémiffant des regrets fuperflus.
Je fuis environné d'une nuit trifte & fombre,
Et mon bonheur, hélas! n'étoit qu'une vaine ombre.
Ne me voudrez-vous pas un jour, par charité,
Faire paffer du fonge à la réalité?

C iij

C. à F. HÉROÏDE.

CHER & fatal objet de l'amour le plus tendre,
D'un affreux défefpoir pourras-tu te défendre,
Quand tu liras ces mots avec peine tracés
Et par mes juftes pleurs prefque tous effacés?
C'eft du fond d'un cachot, fombre afyle du crime,
Dieux juftes! quel féjour pour un cœur magnanime,
Que l'amour le plus pur échauffoit de fes feux,
Et dont les tendres foins rempliffoient tous les vœux.
Oui, cet amant à qui ta naïve tendreffe
Prodiguoit hier encore careffe fur careffe,
Qui dans tes bras goûtant des plaifirs renaiffans,
Devoit fe voir, Fanchon, père de tes enfans,
Sur un trifte grabat arrofé de fes larmes,
Languit dans les horreurs des plus vives allarmes.
Funeftes Porcherons! incroyables revers,
J'ai cru monter aux Cieux ; je tombois aux enfers,
Tu t'en fouviens, d'œufs durs & de fraîche laitue
Une falade aimable au goût comme à la vue

A peine avoit calmé notre première faim ,
Qu'un aigre violon ronflant dans le jardin
Fit naître dans ton cœur le defir de la danfe.
Tes defirs font mes loix ; je me leve, m'élance ;
Et nous volons tous deux aux lieux , ou de l'archet
Le coup marque à l'oreille un pas de menuet.
Telle dans les jardins on voit briller la rofe ,
Qui naguère bouton , n'eft pas encore éclofe ;
Telle on voit ma Fanchon attirer tous les yeux.
Chaque homme l'admiroit ; elle eût charmé les Dieux ;
J'entendois près de nous murmurer, qu'elle eft belle
Quel petit nez frippon ! quelle vive prunelle !
Ah ! que ce pet en l'air à fa taille fait bien !
L'un louoit ta figure , un autre ton maintien ;
Celui-ci ta blancheur , cet autre ton corfage.
Et les femmes en proie à la jaloufe rage ,
Regardant en-deffous & chuchotant tout bas,
Te cherchoient des défauts & ne t'en trouvoient pas.
Sur toute autre bientôt obtenant la victoire,
La Danfe, ma Fanchon, mit le comble à ta gloire :
Mais l'affreufe Difcorde, aux cheveux de ferpens,
Vint en momens de deuil changer ces doux inftans.
Brasfort, la canne en main, le chapeau fur la tête,
D'un œil luxurieux regardant ma conquête,

C iv

Vint à toi, tu le fais, te prier de danfer ;
De quel courroux alors je me fentis preffer !
Diftillant fon venin l'affreufe jaloufie
Fit paffer dans mon cœur fa noire frénéfie.
Je crus que tes regards à cet audacieux
Prodiguoient tendrement un fouris gracieux ;
De mes fougueux tranfports je ne fus plus le maître ;
Et d'un œil menaçant envifageant le traître :
Cette Belle, lui dis-je, eft venue avec moi,
Et Cadet ne l'a point conduite ici pour toi.
Admire, mais de loin, fa beauté fans pareille ;
Lors du mot de faquin, il frappe mon oreille.
Tu fais quel eft fur moi l'empire de l'honneur ;
Je ne peux contenir ma trop jufte fureur ;
Je tombe fur Brasfort auffi prompt que la foudre,
Qui, s'élançant des Cieux, va tout réduire en poudre.
Je lis dans fes regards la terreur & l'effroi.
En ce moment on forme un cercle autour de moi.
Et la peur de te perdre arrêtant ma vengeance ;
Je te cherche des yeux... Ah! fatale imprudence !
Mon rival fe raffure ; & d'un coup de bâton,
Me donne fur la tête un fort eftramaçon.
Je ripofte, il repart ; je m'avance, il recule ;
Je le preffe, & bientôt comme un nouvel Hercule,

Je l'enleve tremblant entre mes bras nerveux.
Il frappe en vain les airs de ſes cris douloureux :
Rien ne peut me fléchir ; & ma jalouſe rage
Ne me laiſſe ſonger qu'à l'amour, à l'outrage.
J'étouffai dans mon cœur la douce humanité ;
L'amour m'en a puni.... Dure fatalité !
Près de nous renverſée une pinte de bierre
En une fange vile a changé la pouſſière ;
Mon pied gliſſe, je tombe, & deſſus moi Brasfort.
Les pots, les gobelets cèdent à notre effort.
L'hôteſſe à cet aſpect, de colère bouillante,
Fait retentir l'échos de ſa voix glapiſſante.
Les ſoldats de la garde accourent à ces cris,
De ſes pots fracaſſés contemplent les débris,
Et nous voyant couverts de fange & de pouſſière,
Nous prennent bravement tous les deux par - der-
    rière.
.Pour un cœur généreux, Fanchon, qu'il eſt cruel
De ſe voir arrêté comme un vil criminel !
Mais que l'amour encore & ſon inquiétude
Redoublent ce ſupplice & le rendent plus rude.
Le dépit dans le ſein, le courroux dans les yeux,
Je crie après Fanchon. Les monſtres odieux,
Sans paroître attendris par mes cris, par mes larmes,

Loin de daigner m'inftruire où brillent tant de charmes :
Malheureux, difent-ils, vois les pots fracaffés,
La bierre répandue & ces verres caffés.
Paie, paie à l'inftant cet immenfe dommage ;
Ou fuis-nous en prifon fans tarder davantage.
Quand il eft enchaîné que peut faire un lion ?
Je cherche de l'argent : mais ô confufion !
Dans le fort du combat ma poche s'eft ouverte ;
Ma bourfe en eft tombée. Irréparable perte !
Faute d'un feul écu pour payer fa rançon,
On traîne ton Cadet au fond d'une prifon.
Sans fecours, fans appui que ma feule innocence,
J'y fouffre fous mes fers les tourmens de l'abfence.
Mais de ma porte, ô Ciel ! j'entends les gonds gémir.
Quel génie ou quel Dieu vient pour me fecourir.
Dieux ! c'eft le Guichetier.... qu'ai-je entendu,
   barbare ?
De Fanchon pour jamais le deftin nous fépare.
A Bicêtre tantôt on doit traîner mes pas...
Grands Dieux, vous le favez, & vous ne tonnez pas.
Et toi dont les attraits aux Dieux feroient envie,
Ame de mes plaifirs, lumière de ma vie,
La calomnie auffi s'éleve contre toi ;
Jour affreux, jour marqué par l'horreur & l'effroi !

Quand tu commence, hélas! ta brillante carrière,
Ils veulent te conduire à la falpêtrière.
C'en eft fait, c'eft pour moi le dernier des malheurs.
Sort cruel! fois content; je fuccombe, je meurs.

LA VEILLE.

DEMAIN, tu l'as promis, tu me rendras heureux :
Cédant au tendre amour tu combleras mes vœux.
Entre tes bras étreint, ma levre opiniâtre
Se collera cent fois fur ta gorge d'albâtre.
Je ne fouffrirai plus ni refus, ni rigueurs ;
Ne fongeant qu'à nous feuls, dédaignant les grandeurs,
Mon cœur fera ton fceptre & le tien ma couronne.
Eft-il plaifirs plus vifs que ceux que l'amour donne ?
Ah ! ta bouche, tes yeux, tes rofes & tes lys,
Tout fervira demain au bonheur de Tircis.
Du temple de l'amour je me verrai le maître :
Tu feras la victime, & je ferai le prêtre.
A ce mot de victime, il ne faut point trembler.
Raffure-toi, Philis, rien ne doit te troubler ;
Si tu meurs un inftant, ce fera pour renaître,
Je ne t'immolerai que pour te rendre à l'être ;
Le facrificateur, lui-même, entre tes bras
Subira comme toi cet aimable trépas.

LE LENDEMAIN,

OU ACTION DE GRACE A VÉNUS.

MILLE graces, Vénus, par tes soins ma tendresse
A sû toucher le cœur de ma jeune maîtresse.
Le devoir chancelant faisant place à l'amour,
La laisse me payer d'un sincère retour.
Le scrupule important qui contraignoit sa flamme,
Par mes transports vaincu, s'éloigne de son ame,
La volupté succède à ce tyran cruel.
Nos cœurs sont embrasés par un feu mutuel.
Mes desirs sont les siens; notre ivresse est extrême.
Sa bouche en bégayant me jure qu'elle m'aime;
Et je vois aussi-tôt la timide pudeur
Sur son front ingénu répandre sa rougeur.
Ma bouche sur la sienne avec ardeur s'imprime,
Par mille mots confus ma passion s'exprime.
J'adore ma Philis; elle n'aime que moi.
Elle règne en mon cœur; je suis sûr de sa foi.

Tous les bergers voisins gémissant sous sa chaîne,
Accablés de rigueurs la traitent d'inhumaine,
Tandis que préféré, vainqueur de mes rivaux,
Je savoure à longs traits mes plaisirs & leurs maux.

CORINNE,

Imitée d'Ovide.

LA chaleur étoit vive, & déja le point d'ombre
Nous annonçoit midi par une tache sombre.
Le soleil pénétrant à travers mes volets,
Donnoit un demi-jour comme au fond des forêts.
Sa clarté ressembloit à celle de l'aurore,
Ou du soir qui ne fait que commencer encore.
Doux à l'œil, il donnoit cette-foible lueur,
Si propice à l'amour, l'écueil de la pudeur,
Qui, voulant se cacher le pas qu'elle va faire,
Cherche à s'ensevelir dans l'ombre du mystère.
L'autel étoit tout prêt, & mon lit parfumé
De roses, de jasmin, de myrthe étoit semé.
Mon cœur brûloit d'amour : alors Corinne arrive;
Ses regards sont ardens, sa démarche craintive.
Sa flamme & le devoir font chanceler ses pas.
Une gaze légere ombrage ses appas.

Ses cheveux blonds, au gré du zéphire folâtre,
Flottent confufément fur fa gorge d'albâtre;
Elle auroit effacé, même aux yeux de Pâris,
La fille de Léda que lui promit Cypris.
Je fuis jaloux du voile, & d'une main avide
Je cherche à l'arracher : incertaine, timide,
Ma Corinne s'oppofe à mes tendres efforts,
Mais foiblement ; enfin cédant à mes tranfports,
Sans voile dans mes bras je la tiens toute émue.
Que de charmes alors s'offrirent à ma vue !
Corinne partageant le feu de mes defirs,
Nous cueillons à l'envi le myrthe des plaifirs.
Mais tirons le rideau fur un tableau fi tendre;
Je fais mieux le fentir que je ne puis le rendre.
Fatigués, nous cédons à l'ardeur du fommeil;
L'aimable volupté marque notre réveil.
Amour, de ce bonheur rends les inftans durables,
Ou fais que tous les jours m'en offrent de femblables.

BOUQUET

BOUQUET

POUR LE JOUR DE St. ANTOINE,

Servant d'envoi à un cochon de lait.

Ami, c'eſt aujourd'hui qu'on chome
La fête de votre Patron.
Sans doute c'étoit un ſaint homme,
Un gentil faiſeur d'oraiſon ;
Et la légende a bien raiſon,
Lorſque ſa rubrique renomme
Saint Antoine & ſon compagnon.
Et jeûne & méditation
Fermèrent, en dépit du diable,
Son cœur à la tentation.
Dans la ſageſſe inébranlable
Il ſut repouſſer le démon,
Caché ſous féminin viſage,

Tome II.   D

Et regarder joli corfage,
Même nud fans émotion :
Qu'on eft heureux quand on eft fage?
Sa profonde dévotion
Attira fur fon hermitage
Du Ciel la bénédiction ;
La douce fatisfaction
Que donne une bonne action
Fit dans fa retraite fauvage
Le bonheur du faint perfonnage
Et de fon fidele cochon.
Implorons fa protection
Et demandons fon affiftance ;
Mais des vertus ce parangon,
Dont on vante la continence,
Au fond d'une grotte en filence
Végétoit loin du tourbillon.
Que demander au folitaire ?
Ses fandales, fon capuchon,
Son froc, fon cilice, ou fa haire ?
A tout vous me répondez non.
Qu'il nous donne donc fon cochon,
Il fera bien mieux notre affaire.

SUR LE PLAISIR.

Vous demandez *qu'est-ce que le plaisir ?*
Vous qui le faites toujours naître !
Il est pénible à définir
Et doux à vous faire connoître :
Toujours sur les pas du desir
Il suit le tendre Amour son maître ;
L'enjouement, la variété,
Captivant son humeur volage,
Il fuit la triste austérité
Et le tumulte & le tapage ;
Il sourit à la liberté,
Et se plaît au simple langage
De la naïve vérité.
On dit qu'il ne vit qu'au village ;
C'est une insigne fausseté :
L'aimable & riant assemblage
Des graces, de l'aménité
Auront en tout tems l'avantage

D ij

De fixer fa légéreté,
Et toujours fur votre paffage
Volant avec rapidité,
Vif & décent , badin & fage,
Il fera briller la gaîté.

A MADEMOISELLE ***.

Du voile de l'indifférence
Cesse de couvrir tes desirs :
Les momens où ton cœur balance
Sont des larcins faits aux plaisirs.
Des préjugés le vain caprice
Doit-il traverser nos beaux jours ?
Non, crois-moi, quittons l'artifice,
Et livrons-nous tout aux amours;
Quand j'aurai bien versé des larmes,
A quoi servira tout cela ?
Tu me rendras enfin les armes,
Car on finit toujours par-là.
Nos ames d'amour enivrées
Regretterons d'heureux instans
Perdus en folles simagrées.
Sachons mieux profiter du tems :
Il fuit d'une course rapide,

Nous ne pouvons le retenir,
Cédant au tranfport qui me guide,
Du moins un heureux fouvenir,
Nous traçant une aimable image,
Trompera fa légéreté ;
Et nous aurons cet avantage,
Sur le déclin de notre été,
D'avoir goûté dans le bel âge
Les charmes de la volupté.
Sois fûre qu'aux regards du fage
Ce vain manège de rigueurs
N'eft qu'un ridicule étalage,
Qui n'ajoute rien aux faveurs.
De la faine philofophie
* * Arborons l'étendard,
Et pour mieux jouir de la vie,
Abjurons les rufes & l'art.
Loin de nous cette trifte gêne
Qui veut contraindre les defirs :
Reculons l'inftant de la peine,
Mais hâtons celui des plaifirs.

CANTIQUE DE JUDITH.

Air : *Or écoutez.*

Admirons du Dieu d'Israël
L'adresse & le soin paternel ;
Quand tout trembloit dans Béthulie,
Une veuve jeune jolie,
Par sa valeur & cetera,
De l'ennemi la délivra.

Dame Judith, c'étoit son nom,
Avoit d'l'esprit comme un démon ;
Elle étoit courageuse & belle,
Comme d'Orléans la pucelle ;
Et puis l'Eternel s'en mêla ;
On ne s'attend guère à cela.

Holopherne l'Assyrien,
Grand Général, mais grand vaurien,

D iv

De la ville faisoit le siège ;
Judith l'entraîna dans le piège.
Voilà c'que c'est qu'd'être paillard :
Dame, on finit mal tôt ou tard.

La Sainte prend un beau matin
Sa polonoise de satin ;
Et quoique ce n'fut pas Dimanche,
Met cornette & chemise blanche,
S'arrangeant par l'ordre de Dieu
En luronne de mauvais lieu.

Air : *Tiens l'y voilà.*

Notre Belle s'en va tenant
    Sous le bras sa servante,
D'Holopherne le sacripant
    Elle apperçoit la tente.
La sentinelle lui cria
Sans qu'elle s'en épouvanta,
      Hé, qui va là ? (ter.)
      Qui va là ? là.

Air : *J'ai du Mirliton.*

En faifant la révérence,
La Belle dit à l'inftant,
C'eft affaire d'importance,
Monfieur, qui m'amène au camp.
J'ai du mirliton, mirliton, mirlitaine,
J'ai du mirliton
Dondon.

Air : *Dans le fond d'une écurie.*

Mille bombes ! quelle eft belle !
Dit le foldat à part foi.
Morbleu, fi c'étoit pour moi
Qu'arrivât la Péronelle,
Je me trouverois, ma foi,
Fût-elle veuve ou pucelle,
Je me trouverois, ma foi,
Cent fois plus content qu'un Roi.

Air : *L'occafion.*

Au Général on conduit notre Sainte,
Et le paillard la dévore des yeux ;

(58)

Judith d'un ton & modeſte & ſans crainte
  Lui tient ce propos gracieux.

Air : *Quand vous entendrez le doux zéphyr.*

Je porte un cœur qui ſait aimer ;
Je vous ai vu galopper dans la plaine ;
Votre grace a ſu me charmer ;
        Vers vous l'Amour m'entraîne.
            Vaillant guerrier
            Que le laurier
Sur votre front cède à l'olivier.
            Tendre couronne
            Que l'Amour donne
        Sied à l'Officier.
Je porte, &c.

Air : *M. le Prévôt des Marchands.*

Ventrebleu, quel objet charmant !
Répond Holopherne à l'inſtant.
Entrez dans ma tente, ma Reine,
Nous amuſerons vos loiſirs.
Bon feu, bon lit & taſſe pleine,
Vont fixer pour vous les plaiſirs.

(59)

Air : *Finiſſez donc M. le Dragon.*

Picard, la France, Poitevin,
Venez vîte. (*bis.*)
Picard, la France, Poitevin ,
Mettez au frais de mon meilleur vin.
Quand chez moi je reçois une Belle ,
Je veux qu'on mette tout par écuelle.
Accourez ,
Dépêchez ,
Apprêtez ,
Préparez le feſtin.
Picard, la France, Poitevin , &c.

Air : *Ah! maman , que je l'échappe belle!*

Pendant que pour ſouper tout s'arrange,
Ne pourroit-on pas?...
Dit-il tout bas.
--- Quoi donc? -- Mon Ange,
Pendant que pour ſouper tout s'arrange,
Ne pourroit-on pas
Dire deux mots à vos appas?
--- Ah! Monſieur, laiſſez-moi là , de grace,
Vous me lutinez,

Me chiffonnez,
Reſtez en place ;
'Ah ! Monſieur, laiſſez-moi là par grace,
Ne peut avoir
Sans vous fâcher un fichu noir ?
--- Treve à cette vaine réſiſtance,
Vous êtes chez moi,
Et ſur ma foi......
--- Quelle indécence !
--- Quittez cette vaine réſiſtance ;
Pour d'autres momens
Recevez ces beaux ſentimens.

Air : *Je voudrois bien vous obéir.*

Je voudrois bien vous obéir.
Seigneur, pour cela je ſuis faite.
Mais retardez ma défaite ;
Vous en aurez plus de plaiſir.
Oui, oui, vous en aurez plus de plaiſir.
Suivant l'école de Salerne,
Careſſer eſt ſain le matin :
Mais le ſoir le plaiſir eſt plus fin.
Différons, mon cher Holopherne.
Je voudrois bien vous obéir, &c.

Air : *Je suis homme de renom.*

— A préfent pour la fanté ,
Ce foir pour la volupté ;
Je ne fuis point petit-maître ;
Vous verrez qu'à ce métier,
Je puis égaler , peut-être ,
Le Carme & le Cordelier.

Air *L'occafion.*

Que deviendroit Thérèfe , ma fervante,
Si je cédois à vos defirs preffants ?
— Ah! que fon fort en rien ne vous tourmente,
N'ai-je pas mes aides-de-camps.

Air : *Joconde.*

Judith pour le bien d'Ifraël ,
Laiffe agir fon audace.
Elle favoit que l'Eternel
Vengeroit fa difgrace.
Louons fa rare charité ,
Et plaignons fon martyre ;
Au Ciel il étoit arrêté ;
Il ne faut point en rire,

Air : *Ciel! l'univers.*

Mais Jéhova,
Qui voit tout le myftère,
Dit, alte-là,
Je ne veux pas cela.
A ma Sainte il prétend faire.....
Ah! le maudit rénégat!
De ma colère,
Il verra tout l'éclat.
Michel
Defcend du Ciel,
En diligence;
A l'impuiffance
Il faut réduire ce monftre charnel.

Air : *Tiens l'voilà.*

Vous favez, amis, qu'autrefois
On nouoit l'éguillette,
Saint Michel, Archange fournois,
En favoit la recette.
A peine eut-il dit quelques mots,
Qu'il prononça fort à propos,
Que Judith
Dit :

Le grand vaurien,
D'un fi beau bien
N'a plus rien ;
Ah , chien !

Air : *Quel défefpoir.*

Quel défefpoir !
Dit le ribaud fumant de rage.
Quel défefpoir !
Par Mahomet le trait eft noir.
Quand à l'abordage
Je m'avance avec courage ,
J'effuie un outrage
Que je ne pouvois prévoir.
Quel défefpoir !
J'en meurs de dépit & de rage ;
Le trait eft noir.
J'aurai ma revanche ce foir.

Air : *Oublions jufqu'à la trace.*

Oublions jufqu'à la trace
D'un malheur peu fait pour nous ,
Lui dit la Sainte avec grace ,
On voit de plus rudes coups.

— Ma Belle, que d'indulgence ?
Vous m'en voyez tout confus,
Avec fi belle apparence
Etre tout d'un coup perclus,
Et voir trahir fon efpérance !...
— Dieu n'afflige que fes élus.
Oublions jufqu'à la trace
D'un malheur peu fait pour nous.
Avec l'aide de la grace
Nous aurons un fort plus doux.

Air : *Des fraifes, des fraifes.*

— Avec moi n'en ayez pas,
Belle, plus de réferve.
Je veux plus après le repas....
— Ah ! Seigneur, n'achevez pas.
— Qu'on ferve, qu'on ferve, qu'on ferve.

Air : *On vit fortir d'une grotte profonde.*

En ce moment, on apporte fur table
Rôti, ragoûts, entremets & jambons,
Salade, fruit, fromage déleétable,
Et de Champagne quatre gros flacons.

Air :

Air : *Buvons, amis, buvons tant.*

Buvez, Seigneur, buvez tant
Que la barbe en fume.
Quand on boit, on eſt content,
Et le cœur devient ſouvent
Plus dur qu'une enclume,
Après, plus dur qu'une enclume.

Air : *Confiteor.*

Holopherne aimoit le bon vin;
Il ne ſe le fait pas redire.
Il boit, Judith verſe ſoudain.
Il reboit, ſa raiſon expire.
Quand la beauté verſe le vin,
Notre tête s'en va grand train.

Air : *L'Occaſion.*

Comme un cochon, ſi l'on veut comme un Moïne,
Notre Judith enivre le brutal ;
Puis dans ſon lit comme un digne Chanoine,
Elle fait porter l'animal.

Tome II.   E

Air : *Allez-vous-en gens de la noce.*

Allez coucher, dit notre Belle,
Aux valets de l'Affyrien.
 Je ferai fa fentinelle,
 Il ne manquera de rien.
Allez coucher, vîte coucher, oui vous coucher,
 Allez coucher, dit notre Belle,
 Aux valets de l'Affyrien.

Air : *Ne v'là-t-il pas que j'aime.*

La Sainte alors dans la ferveur
 Du zèle qui l'embrafe,
Adreffe ces mots au Seigneur,
 Dans fa myftique extafe.

Air : *Mahomet, Mahomet.*

Jéhovah, Jéhovah, arme ma main tremblante,
 S'il eft tems de frapper.
Jéhovah, Jéhovah, qu'aux coups de ta fervante
 Il ne puiffe échapper. (*bis.*)

Air : *Ton humeur, Catherine.*

Admirons de la prière
Les ineffables effets.
Dieu l'exauce ; fa lumière
Vient feconder fes projets.
Elle apperçoit fans lanterne
Un fabre près du chevet.
Elle s'arme, & d'Holopherne
Coupe le fifflet tout net.

Air : *Un foldat par un coup funefte.*

Elle appelle fa fervante,
Et cache dans fon tablier
Cette tête encore fanglante,
Que fa main trancha fans quartier,
Puis vers Béthulie
Elle court précipitamment.
En arrivant, on l'entend qui s'écrie :
Il eft puni le facripant. (*bis.*)

Air : *Des Pendus.*

N'allez pas croire, objets charmans,
Qu'il faille traiter vos amans

E ij

Comme notre sainte Héroïne,
Car sans l'assistance divine,
Le Parlement pour un tel coup
Donneroit en grève un licou.

CANTIQUE DE SAMSON.

Air : *Confiteor.*

POUR votre édification,
De Samson écoutez l'histoire,
Ce redoutable champion
Savoit enchaîner la victoire;
Il auroit bien plus fait, dit-on,
S'il n'eût aimé le cotillon.

Air : *Ne v'là-t-il pas que j'aime.*

Sa force étoit, graces au Ciel,
Du toupet a la nuque.
Quelle perte pour Israël
S'il avoit pris perruque !

Air : *Folies d'Espagne.*

Brûlé du feu de la concupiscence,
Il voulut prendre femme un beau matin:

C'étoit bien fait : mais fa grande imprudence,
Fut d'en chercher au pays Philiftin.

Air : *Plus inconflant que l'onde.*

Quoique Samfon fut un maître compère,
Amant
Galant
Le fupplantoit fouvent.
A fon époufe légère
Un jour certain garnement
Qui fait lui plaire,
Dit tendrement :
Comment ton chien d'époux
Seul contre nous
Peut-il donc faire ?
Dans fa colère
Il nous échine tous.

Air : *Du haut en bas.*

Je n'en fais rien,
Répond notre chafte époufée,
Je n'en fais rien :
Mais je trouverai le moyen

De démêler cette fufée ;
Sot époux à femme rufée
Ne cache rien.

Air : *Nanon dormoit.*

Le foir Samfon
Revenant de la chaffe ,
Va fans façon
Au grand lit prendre place.
Sa femme larmoyant ,
Pleurant ,
Grondant ,
Lui chante tout en fanglottant :

Air : *Mon petit cœur, vous ne m'aimez pas.*

Vous pouvez dans les combats
Seul battre une armée entière ;
D'où vient donc à votre bras
Cette force fingulière ?
Vous me cachez un tel cas.
Mon p'tit cœur, vous ne m'aimez guère,
Si vous ne me le dites pas,
Non, non, vous n'maimez pas.

Air : *Nanon dormoit.*

Ne pleurez pas,
Dit Samſon voulant rire ;
Tout le tracas,
Je m'en vais te le dire.
Si-tôt qu'on me prendra
Par-là,
Com'ca,
Facilement on me vaincra.

Air : *Du haut en bas.*

Mais ne va pas
Conter à d'autres le myſtère.
Ne le dis pas ;
Tu me mettrois dans l'embarras ;
Car c'eſt une importante affaire.
--- Quoique femme, je ſais me taire ;
Ne craignez pas.

Air : *Vous m'entendez bien.*

A Samſon le ſurlendemain
Vient dire le fier Philiſtin :

C'eſt aujourd'hui Dimanche ;
Eh bien ?
Allons à la Croix blanche ;
Vous m'entendez bien.

Air : *Père Anſelme avoit un cordon,*

Volontiers, répondit Samſon,
J'aime de Bacchus la liqueur vermeille.
Volontiers, répondit Samſon,
J'en veux pour ma part payer un flacon.
Garçon, qu'on apporte bouteille.
Nous la fluterons,
La ſoufflerons,
La ſablerons ;
A la ſanté de nos tendrons,
Avalons, amis, ce jus de la treille ;
A la ſanté de nos tendrons,
Feſſons le Champagne en braves lurons.

Air : *J'veux être un chien.*

Au cabaret le Philiſtin
Avoit mené frère & couſin ;
Y aiſément cela ſe peut croire.

Penſant que Samſon eſt dans le train,
Il lui prend l'p'tit doigt de la main...
(*Mais Samſon qui n'eſt pas manchot vous fait l'moulinet
avec ſes bras.*)
Criant : J'veux être un chien,
Y à coups d'pieds y à coups d'poings,
Je leur caſſe la gueule & la mâchoire.

Air : *Des favoris de la gloire.*

Ah! je vous y prends, canaille,
Vous penſiez donc me duper !
Sous prétexte de ripaille
Vous cherchiez à m'atrapper :
De ma femme l'artifice
Par ce trait eſt avéré ;
Je vois qu'avec ma géniſſe
Un de vous a labouré.

Air : *Des fraiſes.*

Qu'elle emporte ſon marmot,
La maudite Payenne !
Moi, je garde le magot ;
Le diable aura pour ſon lot
La chienne, la chienne, la chienne.

Air : *La rareté merveilleuse.*

Il raſſemble dans leur tannière
  Cinq cents renards malfaiſans,
Et leur attache par-derrière
  Des bouchons de paille ardens.
Puis il vous les chaſſe à grand train
Dans la vigne du Philiſtin.
Ah ! ah ! la rareté merveilleuſe.
  Vengeance curieuſe !

Dans la fureur qui les tranſporte,
  Les Echevins de Gaza
Font ſur Samſon fermer leur porte,
  Croyant l'attraper par-là :
Mais lui, pour ſortir d'embarras,
La briſe, & la prend ſous ſon bras.
Ah ! ah ! la rareté merveilleuſe !
  La force curieuſe !

Dans le déſert il eut la gloire
  D'occire un lion cruel,

Puis dans fa terrible avaloire,
  Par ordre de l'Eternel,
Un effaim defcendu du Ciel
Vite alla dépofer fon miel.
Ah ! ah ! la rareté merveilleufe !
  La ruche curieufe !

Air : Romance de St. Louis.

Tout défarmé, l'oft Philiftin,
Dans le défert, le furprend un matin.
Il prend une mâchoire d'âne,
Et roffe le peuple profâne. Oh !

Air : Fanfare de St. Cloud.

Samfon voit par ce prodige
Que Dieu s'intéreffe à lui,
Que fa providence oblige
Ceux qui cherchent fon appui :
Mais de l'humaine nature,
Tel eft l'afcendant malin ;
Sorti de trifte aventure,
En gambade on paie un Saint.

Air : *Nanon dormoit.*

J'ai dit déja
Qu'il aimoit la coquine ;
Chez Dalila
Le drôle s'achemine ;
Et d'un petit air frippon,
Dit-on,
Lui met la main fous le menton.

Air : *De Joconde.*

Elle auroit par fon œil touchant,
Sa gorge blanche & ferme,
Sa danfe, fes graces, fon chant,
Animé même un Therme.
On envieroit avec cela
De Samfon le partage ;
Mais des Nymphes de l'opéra
Elle fuivoit l'ufage.

Air : *Cantique de St. Roch.*

Les Philiftins fachant que la luxure
Du fier Samfon eft le péché mignon,

Avoient promis à cette créature
De taffetas polonoife & jupon,
Si par adreffe,
Ou par foupleffe,
Elle pouvoit
Surprendre fon fecret.

Pour réuffir, l'adroite Péronnelle
De fes appas étalant les tréfors,
Que n'ai-je, hélas ! plus de charmes, dit-elle,
Pour mériter d'auffi tendres tranfports !
Le Dieu de Thrace
Eut moins d'audace.
Hercule enfin
Près de vous n'eft qu'un nain.

Air : *La curiofité.*

Gardez-vous bien, cher amant, je vous en prie,
De révéler à nul dans la Cité,
De quoi dépend cette vigueur fi chérie
Qui vous égale à la Divinité.
Vous rifqueriez peut-être votre vie
En contentant leur curiofité.

Air : *Sur ce côteau.*

Dieu ! que d'amour !
Ah ! fois bien fûre du retour ,
Lui répond
Samfon ,
La ferrant avec tranfport
Fort.
Pour prix des tendres feux
De ton cœur amoureux ,
Oui , je veux
Sur mon fort , fans détour ,
M'expliquer avec toi dans ce jour.
Sans mon chignon
Je ne ferois qu'un poliffon.
Qui tondroit Samfon ,
Lui feroit bien baiffer fon
Ton.

Air : *Piqué dans le bacanal.*

Dalila le lendemain
Aux Philiftins conte l'hiftoire ;
Bon , difent-ils , du mutin
Demain nous ternirons la gloire.

Nous irons dans ton galetas.
Pendant que tu l'enivreras ;
Et ta main , dès qu'il ronflera ;
Adroitement le rafera. (*bis.*)

Air : Vous m'entendez bien.

Ainfi fut dit , ainfi fut fait ;
Samfon, en ivrogne parfait,
   Souffla tant de rogome ,
     Eh bien ?
Qu'il étoit moins qu'un homme ;
Vous m'entendez bien.

Air : Des pendus.

Le Héros dort profondément ;
Alors Dalila promptement
Tire fes cifeaux de leur gaine ;
Et fur fa tête tond fans peine
Les forts cheveux où l'Éternel
Attachoit le fort d'Ifraël.

Air : Il eft pris , il eft pris.

Alors les Philiftins
Lui garottent les mains ,

Puis

Puis le voyant par terre,
Chantent beau fou , beau fou , beau foudre de guerre,
Nous bravons ta colère,
Depuis qu'on t'a tondu
T'es battu , t'es battu , t'es battu.

Air : Mi , mi, fa, re, mi.

Ils lui crèvent la visière,
Disant, Roi des Egrefins
Va terminer ta carrière
En chantant aux quinze vingts,
Mi mi fa re mi , chantez mon petit,
Mi mi fa re sol, comme un rossignol.

Air : Les trembleurs.

Samson à ce coup funeste,
Aussi furieux qu'Oreste ,
Grince les dents, jure & peste,
Mais sans fléchir ces brigands,
On se rit de sa logique ;
Chacun d'eux lui fait la nique ;
Et sa fureur judaïque
Réjouit ces mécréans.

Air : *Ronflans comme un cochon.*

Dans le fond d'un cachot
Cette troupe l'entraîne ;
Et lui donne pour tout fricot
Pain bis & fec qu'à peine
Voudroit manger un matelot,
Et de l'eau dans un pot.
Pour table un vieux billot
Soutenoit cet éco,
Le Héros fut capot,
N'ayant pour remplir fa bédaine
Pas un gigot.
Ah ! le maudit tripot !
Je tiens un mauvais lot.
Je fuis puni de ma frédaine,
Comme un franc fot.

Air : *Lorfque nous fûmes au pont qui tremble.*

Mais c'eft vainement qu'il foupire ;
Les facripans
Trouvoient un grand plaifir à rire
A fes dépens.

On n'offenfe pas le bon Dieu
Sans qu'il en cuife ;
Trop tard il gémit dans ce lieu
De fa fottife.

Air : *Réveillez-vous.*

A fes maux ajoutant l'outrage ,
On lui donne une vielle un jour ;
Il fut diffimuler fa rage ,
Difant tout bas, j'aurai mon tour.

Air : *Je ne veux pour tout bien.*

Pour mieux tromper les Philiftins
Il agitoit fa manivelle ;
On l'entendoit tous les matins
Chanter cette chanfon nouvelle ;
Je ne veux pour tout bien
Que ma vielle ;
Car avec elle
Je ne manque de rien.

Air : *Des pendus.*

Cependant fes cheveux pouffoient ;
Sous fon bonnet fale ils croiffoient ;

Avec eux force de renaître :
Mais il n'en faifoit rien paroître.
Voulant attendre le moment
Pour fe venger plus fûrement.

Air : *Réveillez-vous.*

Au Seigneur du plus haut parage
Voulant un jour donner un bal,
Fit choix pour ce galant ouvrage
De la rotonde du Wauxhall.

Air : *Des pendus.*

Alors on va dans la prifon
Chercher la vielle & Samfon ;
Penfant qu'il feroit agréable
De voir ce Héros redoutable
Jouer par ordre Philiftin
Gigue, noël ou tambourin.

Air : *De tous les Capucins du monde.*

A tâtons le Héros s'avance ;
On vous le place en évidence

Au beau milieu de deux piliers
Qui foutenoient tout l'édifice ;
Samfon, fans fe faire prier,
Chante fur l'air de la Palice :

Air : *La Palice.*

Dieu d'Ifraël , vois mon fort ,
Et venge mon infamie ;
Si je leur donne la mort,
Je perds volontiers la vie.

Air : *Nanon dormoit.*

Alors d'un bras
Il prend chaque colonne ;
Et le trépas
N'ayant rien qui l'étonne ,
Il tire avec effort
Très-fort,
Et Dieu feconde fon tranfport.

Air : *Du haut en bas,*

Du haut en bas,
Le vafte édifice s'écroule ;

Du haut en bas,
Le Wauxhall tombe avec fracas.
De fond en comble tout s'éboule;
Sous les débris tombe la foule
Du haut en bas.

Air : *Confiteor.*

Si ce malheur fut arrivé
A l'églife pendant la Meffe,
Un grand nombre fe fut fauvé
Dans cette troupe péchereffe;
Au Wauxhall c'eft un autre cas;
Du bal au Diable il n'eft qu'un pas.

CHANSON

Sur l'air : *Morgué l'Amour est un chien de sorcier,*
dans les Enforcelés.

Un jour le vieux Blaise près de Catin,
Aiguillonné par l'amoureux lutin,
De la Belle vouloit porter la main
Sur certain bijou, pour le mettre en train :
  Mais fur un ton
  Qui d'abord le confond,
Catin dit : Blaise, ceffez vos efforts ;
Vous me faites trembler, j'ai peur des morts.

IIᵉ. Couplet.

  Blaise trouvant
 Le propos outrageant,
  Et fe fentant
 Dans un état brillant :

Rends , dit-il , hommage à la vérité ,
Et te repends de m'avoir infulté.
A fes regards
Lors il montre fans fard
Ce qui le rend
Si fier dans ce moment :
Mais Catin dit : Fi, c'eft un revenant.

ROMANCE.

Air : *J'aime une ingrate beauté.*

On dit l'amoureux Zéphyr
Epris de la jeune Flore.
Pour Céphale le defir
Réveille au matin l'Aurore.
  Mars aime conftamment
  La Reine de Cythère :
  Mais un feu plus ardent
  M'attache à ma Glicère.

Sur fon front eft la candeur.
Dans fon port eft la nobleffe.
Ses yeux, miroir de fon cœur,
Peignent fa délicateffe.
  Sans ceffe de l'Amour

Elle augmente l'empire,
Et qui la voit un jour,
Pour la vie en soupire.

L'Amour quitte son bandeau,
Quand il est près de Glicère.
Il allume son flambeau
Dans les yeux de ma Bergére.
Sa bouche au sentiment
Prête de nouveaux charmes.
On chérit son tourment
En lui rendant les armes.

ROMANCE.

Air : *Dans un verger, Colinette.*

L'AUTRE jour avec fa mère,
L'Amour ayant eu du bruit,
Loin des bofquets de Cythère
Le Dieu volage s'enfuit.
Il vole auprès de Glicère,
Et toute fa Cour l'y fuit.

❖❖❖

Aux charmes de la figure,
Glicère unit les talens.
Efprit, fageffe, droiture
Relevent fes agrémens ;
C'eft aux dons de la Nature
Qu'elle doit tout notre encens.

❖❖❖

Des cœurs foyez la Déeffe,
Lui dit le Dieu tranfporté.
Je vous donne pour Prêtreffe
L'aimable Ingénuité.
Pour gage de ma promeffe
Recevez ma liberté.

+{+{*+*

A ces mots quittant fes aîles,
Le Dieu conftant les brûla.
Zéphyr en mille parcelles
Dans les airs les difperfa :
Mais une des étincelles
Sur mon pauvre cœur tomba.

+{+{*+*

Depuis ce jour je foupire,
Et le repos fuit mes yeux :
Mais de ce tendre délire,
Je n'ofe accufer les Dieux,
Et l'objet de mon martyre
Sait le rendre précieux.

ROMANCE.

Même air.

L'AUTRE jour à la fontaine,
Ayant rencontré Daphnis,
Il dit : Sur ton teint, Ifmène,
La rofe fe change en lys.
Laiffe-moi faire , ma Reine,
Revenir le coloris.

C'eft une langueur fecrette
Qui fait, dis-je, mon tourment,
Auriez-vous quelque recette
Contre cet abattement.
Laiffe faire , ma poulette,
Laiffe faire ton amant.

Au fond d'une grotte obfcure,
Le Berger me conduifit.
Là, fur un lit de verdure,
A mes genoux il fe mit.
Puis-je faire la peinture
De tout ce qu'alors il fit?

Sur ma main il voulut prendre,
En commençant, un baifer.
Son regard étoit trop tendre
Pour pouvoir le refufer ;
Et mon cœur brûloit d'apprendre
Ce qu'un amant peut ofer.

Alors à ma colerette
Le Berger porta la main.
Je crus de quelque fleurette
Qu'il vouloit parer mon fein.
Je me tus, je fus difcrette
Pour mieux favoir fon deffein.

Sous cette main qui le touche
Il fent mon cœur palpiter.
Alors je fais la farouche,
Et je feins de m'irriter :
Mais un baifer fur ma bouche
M'empêche de difputer.

En ce moment il m'embraffe;
Il me ferre dans fes bras;
Et fa main avec audace
Parcourt de nouveaux appas.
Vainement je le menace :
Le frippon n'écoutoit pas.

Ah! barbare, quel martyre,
Lui dis-je, en verfant des pleurs?
Du Dieu pour qui l'on foupire
Sont-ce donc là les faveurs?
A peine, hélas! je refpire.
C'en eft fait, oui, je me meurs.

O Ciel ! quel effet étrange !
Et quelle félicité !
J'éprouve un heureux mêlange
De douleur, de volupté.
Cher Amant, que mon fort change !
Mon cœur en est enchanté.

Trois fois fans quitter la place,
J'ai fubi pareil deftin.
Je ne demandois plus grace :
Mais Daphnis lui-même enfin
Me dit : De tout on fe laffe ;
Nous nous reverrons demain.

J'ai depuis fur mon vifage
Vu l'incarnat renaiffant,
Et l'amoureux badinage
Rend mon teint plus floriffant.
Pour tous les maux du bel âge
Ce remede eft tout-puiffant.

CHANSON.

CHANSON.

Air : *Des favoris de la gloire.*

L'AMOUR, la liqueur vermeille,
Entr'eux partagent mon tems.
Mon Iris & ma bouteille,
Sont mes plus doux paſſe-tems.
A table & ſur la fougère,
Toujours ardent & diſcret.
Je ſuis Tircis à Cythère,
Et Grégoire au Cabaret.

Je me moque de la gloire
Qu'on obtient dans les combats.
Il vaut mieux aimer & boire
Que de courir au trépas.
Bon feu, bon vin, bonne chère,

Doux minois, voilà mon faire.
Je fuis Tircis à Cythère,
Et Grégoire au Cabaret.

Que Bacchus & la Folie
Embelliffent ce féjour.
Aiguifons par la faillie
Les langueurs du tendre amour.
M'enivrant pour ma Bergère,
J'ai l'admirable fecret
De voir en tous lieux Cythère,
Et Vénus au Cabaret.

A U T R E

Sur l'Air : *Enfans de quinze ans.*

Viens, Amour, viens par ton flambeau
Echauffer le cœur de Glicère ;
Tu n'as pas befoin de bandeau,
Tout eft parfait dans ma Bergère ;
Efprit, candeur, vivacité,
Parent en elle la beauté.
  Au don de charmer,
Joins encor celui d'aimer.

***

Si fous tes loix le fentiment
Peut ranger fon ame rebelle,
A ton culte éternellement
Je fais ferment d'être fidèle :
Les rofes de la volupté
Valent mieux que ma liberté.
  Lui plaire en l'aimant !
Quel bonheur pour un amant.

AUTRE

Sur l'Air : *Au bord d'un clair ruisseau.*

L'AMOUR par la beauté
D'abord touche nos ames,
Et pour prix de nos flammes,
Promet la volupté.
Sans l'esprit, de ces feux
L'ardeur est passagère,
Et c'est le caractère
Qui comble tous nos vœux.

I I.

Aux loix du sentiment
On ne peut se souftraire ;
Aimer & vouloir plaire,
Voila notre elément.
Loin de nous les glaçons

De la froide apathie ;
De l'Amour feul , Délie ,
Ecoutons les leçons.

I I I.

Il foumet les defirs
A la délicateffe ;
Dans la feule tendreffe
Il met tous nos plaifirs.
Tout dans l'objet aimé ,
Accroît fon doux délire ;
Le bonheur fe fait lire
Dans fon œil enflammé.

I V.

Du cagot rigoureux
Dédaignons la cenfure ;
En fuivant la nature ,
On rend hommage aux Dieux.
Nous devons le bonheur
A leur bonté fuprême,
C'eft de l'inftant qu'on aime
Qu'on connoît le bonheur.

AUTRE

Sur l'Air : *Je vais te voir charmante Lise.*

JE n'exiſte que pour Julie.
Loin d'elle il n'eſt point de bonheur ;
Tout ce qui m'attache à la vie,
C'eſt l'eſpoir de toucher ſon cœur.
Si c'eſt de l'amant le plus tendre
Qu'elle doit combler tous les vœux,
Aucun rival n'y doit prétendre,
Et le prix n'eſt dû qu'à mes feux.

(103)

AUTRE

Sur l'Air : *Charmante Gabrielle.*

Que ta mère murmure,
Jouis de ton printems ;
Ecoute la nature
Tandis qu'il en est tems ;
A sa charmante ivresse
    Livre ton cœur,
Il n'est point sans tendresse
    De vrai bonheur.

I I.

D'une morale austère
Méprise la rigueur ;
Dans l'âge heureux de plaire
Il faut donner son cœur ;
D'un aîle trop rapide

Le tems s'enfuit,
De l'amour qui nous guide
Cueillons le fruit.

I I I.

Ce font de douces chaînes
Qui comblent nos defirs :
La tendreffe ôte aux peines,
Elle ajoute aux plaifirs.
L'Amour double noire être
Par fon ardeur,
Hâtons-nous de connoître
Ce bienfaiteur.

I V.

Quand la glace de l'âge
Vient engourdir nos fens;
De la raifon fauvage
On fuit les documens.
Si pour les fruits l'automne
Eft le vrai tems,
La rofe fe moiffonne
Dans le printems.

AUTRE

Sur l'air : *L'avez-vous vu mon bien-aimé ?*

LISON, pour chercher le bonheur,
Veut se mettre en voyage,
L'Amour s'offre pour conducteur
Et promet d'être sage ;
Son regard est si séduisant,
Son ton de voix est si touchant.
Lison le croit,
Et n'apperçoit
Malice en son langage,
Simplicité,
Naïveté,
Sont le lot de son âge.
Mais à peine est-on en chemin,
Que le Dieu sournois & malin,
En tapinois
Prend son carquois,

En tire une flèche cruelle
Et la lance fur la Belle.
Lifon à l'inftant dans fon cœur
Sent une âpre fouffrance,
Mais pour punir le malfaiteur
Il a trop de puiffance;
Que faire en cette extrêmité?
Crier?... fe plaindre?... En vérité,
Tant de fracas,
En pareil cas,
Seroit une imprudence.
Lifon cachant
Cet accident,
En foupire en filence.

DIALOGUE.

Même air.

L'AMANT.

DAIGNE, puiffant Dieu des Amans,
Accourir à mon aide;
C'eft toi qui caufe mes tourmens.
Donne-m'en le remede;
De douleur je fuis abymé,
J'adore & je crois être aimé;
Mais de mon cœur
La vive ardeur
Me rend foible & timide.
Dieu des plaifirs
Sers mes defirs,
Je t'ai choifi pour guide.

L'AMOUR.

Apprends que la timidité
N'eft que pure fimplicité;

Belle fouvent
Qui fe défend
Veut moins obtenir la victoire
Que fuccomber avec gloire.
Ne crois jamais au premier mot
De beauté qui refufe,
Son mépris deviendroit ton lot.
Prends-moi pour ton excufe :
Aidant à fa vocation,
Sauve-lui la confufion
De t'accorder,
De te céder,
De te livrer la place ;
Dans mes travaux,
Sous mes drapeaux,
Refpect vaut mieux qu'audace.

CHANSON.

Air : *Lison dormoit.*

C'EST dans les bras de ma Julie
Que se trouve le vrai bonheur ;
Ma tendresse & sa modestie
Ont long-tems disputé son cœur.
Je perdois déja l'espérance
Quand le Dieu d'Amour s'en mêla :
        Il lui parla,
        Elle écouta ;
Le vain scrupule fit silence,
        L'Amour parla,
        Il triompha ;
Ce Dieu finit toujours par-là.

II.

Dessous ses lèvres demi-closes
Un doux baiser j'osai ravir ;

Je vis plus bas des lys, des roſes :
Va, dit l'Amour, va les cueillir.
Elle m'appelle en vain téméraire ;
Je n'en deviens pas moins ardent,
> Et je fais tant,
> Careſſe tant,
Qu'elle met fin à ſa colère ;
> Et je fais tant,
> Careſſe tant,
Qu'elle partage mon tourment.

I I I.

Dans nos regards qui ſe répondent,
D'amour on voit briller les feux ;
Par nos ſoupirs qui ſe confondent,
Se peint notre délire heureux.
Sans réſerve à toi je me livre,
Dit ma Julie en ſe pamant.
> Quel ſort charmant !
> Oui, cher amant,
D'aujourd'hui je commence à vivre ;
> Quel ſort charmant !
> Oui, cher amant,
Je meurs... & bénis mon tourment.

AUTRE.

Air : *Menuet d'Exaudet.*

Quoi, Lisis,
Au mépris
De ma flamme,
Tu peux encor hésiter !
Pense-tu résister
A l'ardeur de mon ame ?
Cher bijou,
Je suis fou
De tes charmes ;
Ton cœur traître à l'amitié,
Peut-il voir sans pitié
Mes larmes ?
Crains que de ta résistance
Le Dieu d'Amour ne s'offense ;
Mes transports,
Mes efforts

Doivent rendre
Le doux objet de mes vœux
A l'ardeur de mes feux
Plus tendre.
Mais pourquoi
Cet effroi ?
Tu te troubles.
Les desirs victorieux
Eclatent dans tes yeux;
Ma tendreffe en redouble.
Que l'Amour,
En ce jour,
Nous couronne.
Viens t'enivrer des douceurs
Que ce tyran des cœurs
Nous donne.

AUTRE,

A U T R E.

Même air.

Finissez,
Et laiſſez
Moi tranquille;
Quel eſt donc votre deſſein?
Retirez votre main,
Non, non, c'eſt inutile:
Je crierai,
Sonnerai;
Ah! le traître!
Par vos efforts, penſez-vous
Etre de mon courroux
Le maître?
Arrêtez donc; c'eſt infâme!
Croyez-vous que je ſois femme
A ſouffrir
Sans rougir

Qu'on m'offenfe ?
Cet affront eft trop fanglant ;
O Ciel ! je frémis quand
J'y penfe.
Mais comment ?
Hardiment
Il me brufque !
Vous dépoudrez mon chignon ,
Chiffonnez mon jupon
Au-deffous de mon bufque.
Mais hélas !
Dans mes bras
Il fe place !
Je ne puis plus réfifter.
Ah ! fonge à mériter
Ta grace.

A U T R E.

Air : *Com' v'là qu'on fait.*

LA première nuit d'hymenée,
Agnès couche avec gros Colas ;
L'étiquette de la journée
Pour elle avoit eu peu d'appas.
Alors aux yeux de la pauvrette,
Se présente un nouvel objet.
Agnès surprise, stupéfaite,
Dit, des desirs sentant l'effet,
  Com' v'là qu'est fait. (*bis.*)

I I.

Il l'embrasse, elle le caresse,
Et la nature va son train.
Agnès n'entendant pas finesse,
Que sens-je donc là dans ma main ?
Laisse l'Amour être son guide,
Dit Colas d'un air satisfait,

A nôtre fort ce Dieu préside.
Pour trouver le bonheur parfait,
V'là com' on fait. (*bis.*)

I I I.

Ah, chien !... dit la jeune innocente.
Non, je ne saurois le souffrir.
--- Agnès, fois moins impatiente,
Bientôt va naître le plaifir.
--- Vous voulez m'abufer je penfe,
Barbare, par votre caquet.
Malgré ma cruelle fouffrance,
Je fais toujours ce qui lui plaît.
Quel mal ça fait. (*bis.*)

I V.

A tout enfin on s'accoutume ;
La volupté vient pas à pas.
Agnès fent fon feu qui s'allume :
Faut-il finir ? lui dit Colas.
Non, dit-elle. De ta promeffe,
Ami, je fens le doux effet ;
Le plaifir naît, la douleur ceffe.
Quel plaifir ! quel bonheur parfait !
Quel bien ça fait ! (*bis.*)

AUTRE.

Je me rends aux champs de l'Aurore,
Dans l'espoir d'y voir mon Berger.
Ce jour je ne fais qu'y songer;
Toute la nuit j'y rêve encore.
Je soupire à faire pitié.
N'est-ce là que de l'amitié ?

L'autre jour sur la tendre herbette,
Il regardoit d'un air chagrin
Le ruban dont le beau Colin,
Malgré moi, para ma houlette.
Je l'ai d'abord sacrifié :
N'est-ce là que de l'amitié ?

En serrant ma main d'une air tendre
Il me demandoit un baiser :

Moi, je voulois le refufer.
Il pleuroit ; comment m'en défendre ?
Ses larmes me firent pitié.
N'eft-ce là que de l'amitié ?

Je l'ai trouvé dans le bocage
Dormant à l'ardeur du foleil.
J'ai tout doux, pendant fon fommeil,
Mis mon mouchoir fur fon vifage.
Il faifoit trop chaud de moitié.
N'eft-ce là que de l'amitié ?

Au réveil la reconnoiffance
Le fait me ferrer dans fes bras.
Le plaifir ne permettoit pas
Que je lui fiffe réfiftance.
Mon cœur étoit bien de moitié.
N'eft-ce là que de l'amitié ?

L'Amour eft méchant, dit ma mère,
Et ne caufe que du tourment :

Mais j'éprouve un doux fentiment,
Depuis qu'à Daphnis j'ai fu plaire.
Ma crainte eft folle & fait pitié.
Non, ce n'eft que de l'amitié.

LE JUBILÉ.

Sur l'air : *Du Confiteor.*

PENDANT ce tems de Jubilé
Courez aux eaux de pénitence.
Par un récit bien détaillé
Prouvez-moi votre repentance,
Pour que votre contrition
Mérite l'abfolution.

Votre cœur eft-il entiché
De la rouille de l'avarice.

LA PÉNITENTE.

Oh! non, mon Père, ce péché
Ne peut jamais être mon vice ;
Car je fais même à mon prochain
Pardonner un tendre larcin.

LE RÉCOLLET.

Bon ; à l'orgueil n'auriez-vous pas
Malheureusement quelque pente ?

LA PÉNITENTE.

Quand Colin vante mes appas,
J'avouerai que je suis contente ;
Mais c'est pour louer le Seigneur
D'être propre à fixer un cœur.

LE RÉCOLLET.

Ne vous livrez-vous pas par fois
Aux prompts transports de la colère ?

LA PÉNITENTE.

Oui, mais c'est pour suivre les loix
Que me dicte souvent ma mère.
Aux filles, par trop de douceur,
On dit qu'il arrive malheur.

LE RÉCOLLET.

Soit : mais n'auriez-vous pas auſſi
Du penchant à la gourmandiſe ?

LA PÉNITENTE.

A ce défaut mon cœur dit, fi.
Paſſe pour la friandiſe ;
Cette dernière en vérité
Tient bien plus à la volupté.

LE RÉCOLLET.

Je crois découvrir clairement
Que votre vice eſt la pareſſe.

LA PÉNITENTE.

J'arrivai tard derniérement
A l'égliſe, je le confeſſe.
Mais avant Colin, entre nous,
Je ſuis toujours au rendez-vous.

LE RÉCOLLET.

Je ſoupçonne que vous avez
L'ame un peu ſujette à l'envie.

LA PÉNITENTE.

Hélas ! Père, vous le favez ;
L'Amour n'eft point fans jaloufie :
Mais paffé l'intérêt du cœur,
Je ne connois point fa fureur.

***

LE RÉCOLLET.

Je vois votre péché mignon,
Et j'en frémis, c'eft la luxure.

LA PÉNITENTE.

Vous m'offenfez par ce foupçon ;
Par l'amour mon ame s'épure.
Si Colin m'a paru charmant,
Il ne le dois qu'au fentiment.

***

LE RÉCOLLET.

On peut donc fuivre fes defirs,
Et refter toujours eftimable !
Si l'on permettoit les plaifirs,
On attraperoit bien le Diable.
Pour vous, je me fais cet effort
Achevez le *Confiteor.*

LA MALADE,

CONTE.

L'AMITIÉ, par fes tendres nœuds,
Lioit Angélique & Julie ;
L'âge, l'état, la fimpathie,
Ne faifoient qu'une d'elles deux.
Julie avoit-elle un amant,
Angélique dans le moment
Par l'exemple étoit attirée,
Et l'on faifoit parti-carrée.
Et fi-tôt que l'une changeoit,
L'autre auffi-tôt fe dégageoit.
Un jour une importante affaire
Appelle Julie à fa terre.
Angélique refte à Paris ;
La pauvrette s'en défefpère,
Et de fes beaux yeux attendris
Coule de pleurs une rivière ;

Le chagrin trouble ſes eſprits,
Et ſa ſanté ſoudain s'altère.
Maux de tête, criſpation,
Du poulx vive agitation
Accablent notre citadine;
Gertrude, ſa prude voiſine,
Vient la voir d'un air patelin,
Fait appeller un Médecin,
Lui dit que la bonté divine,
Pour lui rouvrir le bon chemin,
Envoya ce mal à deſſein;
Et puis la tance à la ſourdine
Sur certain plaiſir clandeſtin
Auquel on dit ſon cœur enclin.
Le Docteur vient, le mal empire;
Gertrude parle du Curé;
Angélique, le cœur navré,
Au-lieu de répondre, ſoupire;
Ce ſoupir paſſe pour aveu.
On fait venir l'homme de Dieu;
Avec ſon appareil ſiniſtre
Il la confeſſe & l'adminiſtre.
Julie ignorant ce tracas,
Arrive alors de la campagne,

Brûlant de revoir fa compagne
Et de la ferrer dans fes bras.
Elle vole chez Angélique :
--- Arrêtez, Madame, elle dort.
--- Comment? --- Après une colique
Elle eut avant-hier le tranfport,
Et prit hier le Viatique.
--- A tic !... Elle eft donc à la mort.

LE SUPPLÉMENT,

CONTE.

Valcour avoit & naiſſance & figure,
Etoit bien fait, honnête, complaiſant;
C'étoit l'enfant gâté de la nature,
Hors ſur un point aſſez intéreſſant :
Vous le dirai-je?... Il étoit impuiſſant.
Bien ſe cachoit de ſa méſaventure
Avec tel ſoin que de tous les côtés
On lui venoit propoſer cent beautés,
Qui s'uniſſant à lui par mariage,
Seroient pour lui d'un fort grand avantage;
Car ſe trouvant alors peu fortuné,
Un tel hymen paſſant ſon eſpérance,
Le porteroit d'un état fort gêné
Au terme heureux d'une honnête abondance,
Un beau matin pour ſortir d'embarras,
En rougiſſant il va conter ſon cas

A fon Pafteur, homme d'expérience,
Qui des Nonnains autrefois Directeur,
Des fupplémens connoiffoit la fcience.
Votre intérêt, lui répond le Docteur,
Veut cet hymen, & vous pouvez, je penfe,
Le contracter en toute confcience,
Si la future unit à la pudeur
Le précieux tréfor de l'innocence.
Vous pourrez même au gré de fes defirs
Lui procurer l'ivreffe des plaifirs :
Ceignant vos reins avec cette ceinture,
Où l'art a joint, rival de la nature,
Ce fimulacre. --- Ah ! s'écria Valcour,
La merveilleufe & charmante impofture !
Cela fe nomme ?... --- Un fupplément d'amour.
C'eft un préfent de notre Mère Abbeffe,
Fille de fens, de mérite & d'efprit ;
Pour fuppléer à l'humaine foibleffe
Vous en pouvez faire votre profit.
Valcour l'embraffe, accepte & ne fait comme
Remercier dignement le faint homme.
Puis fans tarder, il court chez fon ami,
Lui dit qu'enfin il a pris fon parti,
Qu'il eft tout prêt de s'unir à Julie

Qui

Qui lui paroît une fille accomplie.
L'ami va , parle à la Belle , aux parens ,
Et leur hymen s'acheve en peu d'inftans.
Julie eft fraîche à l'égal de la rofe
Qui brille aux champs nouvellement éclofe ,
Et fans defirs on ne fauroit la voir.

Nos deux époux demeurés feuls le foir ,
Les rideaux clos & la chandelle éteinte ,
Pour mieux pouvoir pouffer au bout la feinte ,
Le fupplément fit très-bien fon devoir.
Contente fut notre jeune époufée
Ou le parut , & le pauvre Valcour
Se trouvant bien de la méthode aifée ,
En répétoit l'ufage chaque jour.
Il fe trouvoit heureux dans fon ménage ,
D'avoir époufe auffi belle que fage ;
Donc fans effort contentoit les defirs ,
Et jouiffoit du moins de fes plaifirs :
Ce qui n'eft peu pour une ame fenfible.
Un feul chagrin dans fa félicité
Le tourmentoit ; il croyoit impoffible
Qu'il eût jamais de la poftérité :
Mais un matin, de fa fécondité ,

Sa femme vient lui donner la nouvelle :
Soyez content, mon ami, lui dit-elle,
Le Ciel enfin couronne notre ardeur ;
Mon fein fe gonfle, & j'ai des maux de cœur.
--- Vous plaifantez !... --- Point du tout, je vous jure,
Je fuis enceinte, & la chofe eft très-fûre.
--- Enceinte ! vous ! --- Oui, moi-même. --- Hé
             comment ?
--- Mais comme on l'eft, je crois, communément.
De votre amour, de ma chafte conftance,
C'eft en ce jour la jufte récompenfe.
Valcour fentit qu'il falloit prudemment,
Après avoit feint d'aimer ardemment,
Se réfigner à l'honneur d'être père ;
Et fans montrer ni dépit ni colère,
Il avala la chofe doucement,
Faifant toujours agir le fupplément ;
Et chaque année il voyoit fa famille
Qui s'accroiffoit d'un fils ou d'une fille.

Un jour d'hyver, Valcour fort enrhumé,
Près de fon feu fe tenoit renfermé ;
A fes côtés l'attentive Julie,
Par goût, dit-elle, autant que par devoir,

En travaillant lui tenoit compagnie;
Contre fa main giffoit dans un tiroir
Cet inftrument, infatigable gage,
Qui maintenoit la paix dans leur ménage;
Cherchant du fil elle y porte la main :
La clef d’abord tourne, & le tiroir s’ouvre;
Le bon Valcour veut l’arrêter en vain.
-- Ah! dans ce coin, qu’eft-ce que je découvre?
Cela reffemble... Ah! rien n’eft plus plaifant...
Valcour rougit & fe tait; elle preffe :
M’inftruirez-vous, Monfieur, en vous taifant ?
--- Laiffez. --- Non pas. --- Hé bien, c’eft... --- Hé
       bien, qu’eft-ce ?
Répondez. --- C’eft un meuble bienfaifant
Pour fuppléer à l’humaine foibleffe.
--- Que dites-vous? Ah! fi donc, quelle horreur!
Et dites-moi, quelle femme perdue
Peut être affez fans mœurs, fans retenue,
Pour employer ce fantôme impofteur ?
D’étonnement je refte confondue...
Vous le favez, je vous aime, Valcour;
A vos defirs lorfque je fuis rendue,
Je cède aux fens bien moins qu’à votre amour:
Et je voudrois qu’on put en mariage

Se dérober à ce grossier usage ;
Jettons au feu cette lascive image,
Que je ne puis regarder sans rougir.
Valcour en vain cherche à la retenir :
Ah ! cria-t-il, vous ne serez plus mère !
Ciel ! déformais, qu'allez-vous devenir ?
De vos enfans, Madame, c'est le père.

LE QUATRIEME,

CONTE.

Margot & Blaife au fortir de l'enfance,
Ayant encor leur première innocence,
D'un tendre hymen formèrent les doux nœuds.
Neuf mois après le Ciel comblant leurs vœux,
Margot fe vit la mère d'une fille,
Qui grandiffant devenoit fi gentille,
Qu'on la nommoit la perle du hameau :
Œil bleu, dent blanche, & la plus fine peau,
Nez retrouffé, fuperbe chevelure,
Qui s'échappant de deffous fa coëffure,
Tomboit flottant fur le col le plus beau.
Simple elle étoit & même un peu niaife ;
Mais on ne vit onc plus friand morceau.
La contemplant, Margot & le bon Blaife
S'entredifoient, ne fe fentant pas d'aife,
Quand elle étoit dans fon premier fommeil,

Ou le matin attendant son réveil ;
Regarde donc, c'est pourtant notre ouvrage !...
Comme elle est belle ! & puis comme elle est sage !
Vois sa fraîcheur !... elle a son pucelage...
Elle a bien plus, dit Margot, & le mien ?
--- Le tien, le mien, tout cela c'est son bien.
Oui, notre Agathe est une vierge, un ange...
Cœur de fillette est friand de louange :
Quand l'innocente entendoit ces discours,
Elle ronfloit pour prolonger leur cours.
Dans son cœur l'amour-propre d'éclore,
Des Belles c'est le péché favori ;
Qui d'abord flatte & puis après dévore,
Et cependant n'en est pas moins chéri.

Certain matin, la jeune Bachelette
Allant aux champs conduire ses moutons,
Rencontre auprès d'une épaisse coudrette,
Le beau Lucas, fermier de ces cantons,
Dont l'œil ardent convoitoit la pauvrette.
Le fin matois sous un dehors bénin,
Sachant cacher son desir clandestin,
Vient calinant près de la jouvencelle.
Quoi? dans les champs, dit-il, si bon matin !

C'eſt être, Agathe, active autant que belle;
Que vos parens doivent ſe croire heureux !
Vous ſurpaſſez à coup ſûr tous leurs vœux.
Ah ! c'eſt bien vrai , répond notre ingénue,
Se rengorgeant; fixant ſur lui la vue;
Ils le diſoient hier à qui mieux mieux :
Agathe eſt belle, Agathe eſt des plus ſages;
Ils me louoient ſur ma taille, mes yeux ,
Et plus encor ſur mes trois pucelages.
—. Comment donc ? trois! -- Oui, Monſieur, tout
autant;
Le mien & ceux de papa, de maman.
Ils me l'ont dit , & jamais ils ne mentent.
— Puiſqu'à ce point tels effets les contentent,
Reprend Lucas, prévenant leurs deſirs ,
Je veux encore accroître leurs plaiſirs.
-- Oui, mais comment? -- En joignant, ma poulette,
Le mien aux trois. -- Ah! répond la nicette,
Point ne voudrois, Monſieur, vous en priver.
— Non, vous l'offrir eſt une jouiſſance.
— C'eſt être auſſi trop généreux, je penſe;
N'en ayant qu'un, faudroit le conſerver.
— Vous ſaurez mieux le garder, belle Agathe.
— Aſſurément, un tel préſent me flatte.

I iv

Mais gardez-vous de me le reprocher :
Si je le prends, c'eſt bien par complaiſance,
Et vous auriez grand tort de vous fâcher.

Notre grivois bénit ſon ignorance,
Et triomphant de toute réſiſtance,
Juſques au bout l'aventure pouſſa.
La pauvre enfant ne ſachant le myſtère,
Le regardoit & le laiſſoit tout faire,
Diſant par fois : Comment ? c'eſt comme ça ;
Ça fait grand mal, mais cependant c'eſt drôle.
Et le gaillard ayant fini ſon rôle,
Notre innocente arrange ſes jupons,
Fait à Lucas profonde révérence
Pour l'aſſurer de ſa reconnoiſſance :
Puis en chantant revient à ſes moutons.
Le jour tombant, elle quitte la plaine :
D'un pas léger au hameau les ramène,
S'applaudiſſant dans le fond de ſon cœur,
D'avoir reçu de Lucas la faveur
De poſſéder un nouveau pucelage ;
Elle finit promptement ſon ouvrage,
Soupe & ſe met au lit pour ſommeiller.
Ses bons parens vont, ſuivant leur uſage,

A pas de loup de peur de l'éveiller ;
La voir dormir, & dans leur radotage
Prôner, vanter son triple pucelage.
La jeune enfant les arrêtant tout coi,
Leur dit : J'en ai maintenant davantage :
Le bon Lucas aux deux vôtres, au mien,
A bien voulu joindre aujourd'hui le sien.
Figurez-vous la surprise cruelle
Des bons parens à semblable nouvelle :
... Ah ! malheureuse !... infâme, qu'as-tu fait ?
Ne pense pas survivre à ce forfait.
... Je ne l'ai pas demandé, je vous jure ;
J'ai refusé quelque tems poliment.
Il s'en fâchoit, & prenoit pour injure
Ce long refus ; j'ai cédé prudemment :
Ne craignez pas qu'il me le redemande.
... Vit-on jamais impudence plus grande ?
A tous les yeux tu devrois te cacher...
... Je ne vois pas de quoi tant vous fâcher ;
Si j'ai mal fait selon vous de le prendre,
Demain matin je n'ai qu'à le lui rendre.

LA CONVERSION D'ÉGLÉ,

CONTE.

VA, porte ailleurs ton fiel, cenſeur atrabilaire,
  Chacun s'amuſe au gré de ſes deſirs;
    Et malgré ta vaine colère,
Je ne vois point de mal à chercher les plaiſirs.
Chacun ſelon ſon goût; ce n'eſt pas mon affaire.
La plaideuſe Doris chérit ſon Procureur,
Liſe aime de ſon chien la langue careſſante,
Arſinoé ſe plaît avec ſon Directeur,
Roſe trouve d'Églé la gorge intéreſſante,
Sans ſcrupule à ſes yeux dévoile ſes attraits;
Et bravant des méchans la clameur flétriſſante,
Goûte des plaiſirs vifs quoiqu'ils ſoient imparfaits.
    J'aime bien mieux que ma maîtreſſe
Pour ſa pareille éprouve une ardente tendreſſe,
    Que d'écouter, lorſque je ſuis abſent,
      Ou que mon deſir languiſſant

Me rend peu propre à fervir fon ivreffe ;
Les propos d'un amant vigoureux & preffant ;
Car entre nous, point ne fuis un Hurcule.
··· Mais à quoi bon ce préambule ?
··· A m'amufer, car je fuis fort bavard ;
Puis à prouver que l'excès du fcrupule
De nos plaifirs ôte une bonne part.
Rofe m'eft chère, elle eft tendre, elle eft vive,
Sa fraîcheur répond à fon nom ;
Dans fon maintien certain air d'abandon
Ajoute encore à fa grace naïve.
Sa lèvre humide & fon fein agité,
Dans tous les fens verfent la volupté ;
Son grand œil noir, qu'entr'ouvre la tendreffe,
Infpire & peint la plus touchante ivreffe :
Comment quitter autant d'appas ?
On en voudroit jouir fans ceffe ;
Mais par malheur cela ne fe peut pas.

Depuis huit jours abfent pour un voyage,
A Paris j'arrive le foir ;
Je cours à Rofe rendre hommage,
Servante ni valet ne vient fur mon paffage.
L'une dans la cuifine étoit à fon devoir,

Et l'autre, je crois, en meſſage;
Je pénetre juſqu'au boudoir.
J'allois entrer eſpérant la ſurprendre;
Quelques ſoupirs alors ſe font entendre.
Je m'arrête, j'écoute. --- Ah, cher petit mari !...
Non, non, jamais amant ne ſera plus chéri.
Quel baiſer !... quel tranſport... Ah ! mon cœur...
      il m'enivre.
   Sur ton ſein qu'il eſt doux de vivre !
Je n'en puis plus. Ah ! ne t'arrête pas...
J'expire... Comme moi ſuccombant dans mes bras.
Tu meurs! Dieux !... A ces mots ſuccèdent un long
    ſilence.
   Qu'on ſe peigne alors mon courroux !
La porte cède à mes efforts jaloux.
Dans le boudoir, furieux je m'élance...
Mais quel ſpectacle arrête ma vengeance ?
De l'Albane jamais le moelleux pinceau
Aux yeux de l'amateur n'offrit rien de plus beau.
Entre les bras d'Hébé je crus voir Euphroſine.
   Sur un ſopha couvert de ſatin noir,
Deux corps dont la blancheur le diſpute à l'hermine,
Où des veines d'azur ſe font appercevoir,
   Gorge d'albâtre & bouche purpurine,

Cheveux flottans, confusément épars,
Ombrageant sans cacher aux avides regards,
Cent contours arrondis des mains de la nature,
Dont ils font à la fois le voile & la parure;
Leurs seins l'un contre l'autre étroitement preßé,
Hâletant de plaisir. & respirant à peine ;
Les genoux & les bras tendrement enlacès,
Et les doigts égarés dans des bosquets d'ébène;
L'œil humide, le front teint du vif incarnat,
Dont nous parent l'amour dans une heureuse orgie,
Telle je vois Églé, telle étoit son amie.
Eglé me voit, s'écrie : O Ciel! en quel état...
   Ah ! Rose, nous sommes perdues...
   Que devenir?... il nous a vues...
   Où fuir?... quel asyle chercher ?
--- C'est dans mes bras adorable mignonne,
   Dis-je en embraßant la fripponne,
   Qu'il faut accourir vous cacher.
   Séduire Rose est une offense
   Dont je ne saurois m'empêcher
   De prendre une prompte vengeance.
On doit au châtiment se résoudre en silence,
   Quand on osa de la sorte pécher.
   Puis dans mes bras je saisis la fillette,

Sur le fopha je jette la pauvrette.
Rofe près d'elle attendoit l'œil baiffé,
Que de fon fort l'arrêt fut prononcé.
Même crime, leur dis-je, en ce lieu vous raffemble,
Embraffez-vous pour expirer enfemble.
Puis je les ferre avec ardeur
Toutes les deux contre mon cœur.
De baifers enflammés je couvre tous leurs charmes.
La volupté fuccède à leurs vives allarmes ;
Et mes agiles doigts éveillant leurs defirs,
Je leur fais éprouver l'ivreffe des plaifirs.
Entre ces deux beautés mon ardeur fe partage.
La jeune Églé, qui n'avoit jufqu'alors
Connu l'amour que par le badinage,
Pour la première fois cédant à mes efforts,
Brûlant d'une érotique rage,
S'écrie : Ah, Rofe ! quels tranfports !
Que de tems j'ai perdu ! ma chère, quel dommage !
J'ai bien jufqu'à préfent pris l'ombre pour le corps.

L'ARRÊT D'EXPÉDIENT,
CONTE ANACRÉONTIQUE.

L'AUTRE soir chez la jeune Hortence,
Après souper, le Dieu d'amour
Prit querelle avec la Décence,
Et la vouloit exiler de sa Cour.
Grand bruit alors, car la Déesse
Se trouve encor quelques amis.
De tous côtés on s'agite, on s'empresse,
On se demande, on donne des avis;
Et Vénus, à qui l'on s'adresse,
En ces mots chapitre son fils.
„ Votre ingratitude est extrême;
„ Suivant un injuste courroux,
„ Vous osez frapper d'anathême
„ Celle qui fit le plus pour vous.
„ Vous avez banni l'Innocence,
„ Autrefois ma Dame d'honneur,

» Et grace à l'aimable Décence,
» Aux regards du monde cenfeur
» Nous avons caché fon abfence.
» Que deviendrons les Graces, l'Enjouement,
» La Candeur & le Sentiment?
» Voulez-vous dans votre délire
» Faire un défert de mon Empire?
» Ah! pardonnez, répond l'amour confus;
» Mais la Décence prend un ton de bifaïeule,
» Et je croyois qu'à la Cour de Vénus
» On ne devoit point fouffrir de bégueule.
» Ce feroit, dit Vénus, trop reftraindre mes droits.
» A l'Univers entier je dois donner des loix;
» Et mon nom de famille eft la pure Nature.
» Mais il faut empêcher que le monde en murmure.
» Et pour votre propre intérêt,
» Conformez-vous à mon arrêt.
» *Dans tous les lieux où la Délicateffe*
» *Etend les loix de la Tendreffe,*
» *Je veux que la Décence irrite les Defirs,*
» *Qu'elle préfide à chaque fête.*
» --- Quel arrêt! -- Paix, mon fils, pour tes menus
» plaifirs
» Je la bannis du tête à tête ".

CANTIQUE

CANTIQUE DE JEPHTÉ.

Air : *Père Anſelme avoit un cordon.*

Mes amis, ne jurons de rien ;
Le vœu le plus ſaint eſt une imprudence.
Mes amis, ne jurons de rien,
On trouve le mal en cherchant le bien,
Laiſſons agir la Providence,
Sans nous affecter,
Nous agiter,
Nous tourmenter.
Mes amis, ne jurons de rien, &c.

Air : *Folies d'Eſpagne.*

De Galaad ſi le bâtard plus ſage
N'eut fait ſon vœu comme un franc étourdi,
Sa fille auroit perdu ſon pucelage
Entre les bras d'un vigoureux mari.

Air : *Nanon dormoit.*

Jephté gardoit
Des brigands à fa fuite ;
Il commandoit
Cette troupe d'élite,
Qui dans les bois voloit, pilloit
Les voyageurs qu'il rencontroit.

Air : *L'occasion.*

On agita fi l'on le feroit pendre,
Ou s'il feroit élu pour Général :
Des fils d'Ammon, il falloit fe défendre ;
D'Ifraël il fut Maréchal.

Air : *Ciel ! l'univers.*

A fes foldats, d'un ton très-pathétique,
Il dit : Voleurs,
Cent & cent fois vainqueurs,
C'eft pour la caufe publique
Qu'il faut combattre aujourd'hui.
Par politique,
Soyons fon appui.

Frappons des fils d'Ammon
La troupe lâche,
Et qu'elle fache
Que nous avons le cœur & le bras bon.

Air : *Tôt , tôt , tôt , battez chaud.*

La troupe en tumulte applaudit
Au difcours du brave bandit ;
Et l'efpoir d'un riche pillage ,
D'un beau feu leur remplit le fein.
Ils prennent leurs armes en main ,
Et chantent avec grand tapage :
Tôt , tôt , tôt , battons chaud ;
Tôt , tôt , tôt , bon courage ,
Le gain donne cœur à l'ouvrage.

Air : *La charge.*

Au combat fans tarder Jephté
Les mène avec audace ;
Il a le port & la fierté
Du vaillant Dieu de Thrace.
Les fils d'Ammon , de leur côté ,
Leur difputent la place ,

K ij

Leur rendant avec fermeté ,
Menace pour menace.

Même air.

On fe choque avec grand fracas
    Cafques , fabres & lance ;
L'un coupe un nez , un autre un bras ,
    L'autre perfe une panfe.
Les mourans , les morts font par tas ;
    La victoire balance :
Tous ont en bravant le trépas ,
    La foif de la vengeance.

Air : J'veux être un chien , à coup d'pied.

Jephté , pour aller plus grand train ;
S'avifa d'un tour bien malin :
(Il favoit à fond le grimoire ,)
A genoux au Dieu Sabaot ,
Il vous marmote un petit mot.
*(Par la jerni , grand Dieu , dit-il , ſi je bats ces diables-
là , le premier que je rencontre en rentrant chez moi.)*
    J'veux ê re un chien ,
    A coup d'pied , à coup d'poing ,
J'li caffe la gueule & la mâchoire.

Air : *Du Confiteor.*

Par cette pieufe oraifon,
Il fe rend le Seigneur propice;
Il étrille les fils d'Ammon.
Graces au dévot artifice,
Sabaot étoit fon foutien;
Mais il ne donnoit rien pour rien.

Air : *Avant la bataille.*

Fier de fa conquête,
Au fon du tambour,
Les lauriers en tête,
Il fonge au retour;
Mais la renommée
Dévance fes pas,
Sa fille bien-aimée
Vole dans fes bras.

Air : *Des Pendus.*

Eft-il pour un cœur paternel
Un fort plus fâcheux, plus cruel,
Jephté doit offrir pour victime
Sa jeune fille légitime.

Jéhovah ne badine pas :
En vain nature dit tout bas :
   Turlututu renguaine, (ter.)
   Turlututu renguaine
   Ton tranchant coutelas.

Air : *Du haut en bas.*

   Il l'a juré,
Il n'eſt plus tems de s'en dédire ;
   Il l'a juré,
Ce ferment barbare eſt facré.
En pleurant il fe met à dire :
Ma fille, ma main doit t'occire ;
   Je l'ai juré.

Air : *M. le Prévôt des Marchands.*

Papa, dit cette aimable enfant,
Vous plaifantez affurément ;
Une fillette de mon âge
Ne doit point fonger à périr :
Sans doute c'eſt mon pucelage
Que vous voulez faire mourir.

Air : *Menuet d'Exaudet.*

Au combat,
Sans débat,
Je fuis prête :
Qu'il paroiffe ce vainqueur,
Qui veut que ma pudeur
Devienne fa conquête ;
Sa valeur,
Sa vigueur,
Son audace,
J'oferai tout défier
Sans demander quartier
Ni grace.
Je fuis digne de mon père,
Je fuis fille de ma mère :
Un héros
En champ clos
N'eft qu'un homme,
Et je prétends aujourd'hui
Obtenir malgré lui
La pomme.
Ordonnez,
Commandez,

Qu'il s'avance :
Il pourra lire en mes yeux
Un signal précieux
De vive résistance,
Car je sens
Dans mes sens
Une flamme,
Qui m'annonce que l'amour
Doit charmer en ce jour
Mon ame.

Air : Des trembleurs.

Qu'est-ce donc qu'elle me chante ?
Voyez un peu l'impudente ;
Est-il tems que l'on plaisante ?
A quoi bon tout ce phébus ?
Suis-je donc un niquedouille ?
Ça vîte qu'on s'agenouille,
Et qu'au Seigneur on bredouille
Promptement son *in Manus.*

Air : Du Confiteor.

LA FILLE.

En quoi ma mort sert-elle à Dieu ?

(153)

JEPHTÉ.

J'ai promis d'arracher la vie
Au premier mortel qu'en ce lieu
Je verrois arriver, ma mie;
Tu viens, je te donne la mort :
Tu vois bien que je n'ai pas tort.

Air : *La mort de mon cher père.*

LA FILLE.

Avec mon pucelage,
Grand Dieu ! faut-il mourir ?
J'en aurois fait usage,
Si j'avois su périr.
Pour que je me prépare
A céder à vos loix,
Si vous n'êtes barbare,
Accordez-moi deux mois.

Air : *A la façon de barbari.*

JEPHTÉ.

Je veux céder à tes desirs;
Va t'en sur nos montagnes,
Pleurer la perte des plaisirs

Au fein de tes compagnes ;
Et puis reviens dans le giron ;
La faridondaine, la faridondon,
De ton petit papa chéri,
Biribi,
A la façon de barbari,
Mon ami.

Air : *Quand nous fûmes au pont qui tremble.*

Pour le trifte pélerinage,
La pauvre enfant,
Avec les filles de fon âge,
Part l'air dolent.
Qu'on juge de l'amufement
D'un tel voyage :
Pas un bout d'homme feulement
Pour leur ufage.

Air : *Je fuis Lindor.*

Jephté pleuroit comme un veau qu'on égorge ;
Il gémiffoit, la poitrine fe frappoit :
Mais à quoi bon ce qu'alors il faifoit,
Puifqu'à fa fille il doit couper la gorge ?

Air : *Où s'en vont ces gais Bergers ?*

Le tems a peine fini,
  Notre vierge foumife,
Le teint par le deuil terni,
  En fille bien apprife,
Dit a Jephté : Papa me voici.
  --- Bon, allons à l'Eglife.

Air : *Tous les Bourgeois de Chartres.*

D'Ifraël les Lévites,
Ni galans ni Chrétiens
Vouloient des Profélites
Ou le fang ou les biens.
Au Temple eft préparé
Tout l'appareil du crime :
Le Saint des Saints eft éclairé,
L'autel & le couteau facré
Attendent la victime.

Air : *Vive Henri.*

Jephté, plein d'une fainte rage,
Amène fa fille à l'autel ;
Et croit montrer un grand courage
En s'armant du glaive mortel.

Lors de la pauvrette,
Tombant fous fes cruels efforts,
On entend la foible voix qui répète :
Ah! mon père a le diable au corps! (*bis.*)

Air : *Du haut en bas.*

En pareil cas,
Chez les Grecs, nation impie;
En pareil cas,
Malgré le farouche calchas,
A la place d'Iphigénie,
Diane mit biche jolie.
En pareil cas.

Air : *Des pendus.*

M O R A L I T É.

Pères qui m'écoutez ici,
C'eft votre hiftoire en raccourci :
Quand vous faites Religieufes
Vos jeunes filles amoureufes,
Avez-vous moins de cruauté?
Non, vous êtes comme Jephté.

F I N.

TABLE
DES CONTES, &c.

Fin de la Table.